CÓMO ANALIZAR A LAS PERSONAS Y EL LENGUAJE CORPORAL

LEE A LAS PERSONAS COMO UN LIBRO, DECODIFICA SEÑALES, DETECTA MENTIRAS, MEJORA TU COMUNICACIÓN NO VERBAL

CHASE HILL

Copyright © 2024 by Chase Hill

All rights reserved.

The content contained within this book may not be reproduced, duplicated or transmitted without direct written permission from the author or the publisher.

Under no circumstances will any blame or legal responsibility be held against the publisher, or author, for any damages, reparation, or monetary loss due to the information contained within this book. Either directly or indirectly.

Legal Notice:

This book is copyright protected. This book is only for personal use. You cannot amend, distribute, sell, use, quote or paraphrase any part, or the content within this book, without the consent of the author or publisher.

Disclaimer Notice:

Please note the information contained within this document is for educational and entertainment purposes only. All effort has been executed to present accurate, up to date, and reliable, complete information. No warranties of any kind are declared or implied. Readers acknowledge that the author is not engaging in the rendering of legal, financial, medical or professional advice. The content within this book has been derived from various sources. Please consult a licensed professional before attempting any techniques outlined in this book.

By reading this document, the reader agrees that under no circumstances is the author responsible for any losses, direct or indirect, which are incurred as a result of the use of information contained within this document, including, but not limited to, — errors, omissions, or inaccuracies.

INTRODUCCIÓN

Sarah había estado tres años en pareja antes de darse cuenta de que había cometido un terrible error. Le mintieron, la humillaron delante de sus amigos y su familia, la engañaron y le rompieron el corazón. Desconfiaba de sus instintos y de su capacidad de discernimiento, además de sentirse sola e incapaz de volver a confiar en nadie.

¿Cómo se dio cuenta? Porque empezó a prestar más atención al lenguaje corporal y a las señales no verbales que emitía su pareja que a las palabras que salían de su boca.

Muchos de nosotros pensamos que la habilidad de leer a la gente es una capacidad sobrehumana que está fuera de nuestro alcance, algo reservado para personajes de ficción como Sherlock Holmes. Si viste la última serie, Benedict Cumberbatch realiza un trabajo increíble retratando la torpeza de Sherlock en situaciones sociales. Pero, tanto el personaje encarnado por Cumberbatch como el de los escritos originales de Sir Arthur Conan Doyle, Sherlock Holmes cuenta con un nivel de facilidad para leer a los demás que la mayoría de nosotros desearíamos tener.

Imagínate poder entrar en una habitación y saber que alguien se quedó dormido porque tiene una mancha de pasta de dientes en la camisa. O incluso antes de que una persona hable, saber que está a punto de mentirte. A Sarah, esta habilidad le habría evitado mucho dolor, al igual que a miles de personas más.

> *Lo principal en la comunicación es escuchar lo que no se dice*
>
> — PETER F. DRUCKER

Desde que somos muy pequeños nos dicen que debemos escuchar. Que escuchemos a nuestro profesor, que escuchemos lo que nos dicen nuestros padres, que respetemos a nuestros mayores y que prestemos atención. No nos enseñan a escuchar atentamente, pero lo que es peor, es que con todo este énfasis en la escucha, olvidamos la gran habilidad que tiene Sherlock: la capacidad de observación.

Seguramente habrás visto varias estadísticas acerca de la importancia del lenguaje corporal, pero uno de los estudios más significativos proviene del profesor Albert Mehrabian. Sus investigaciones de los años setenta demostraron que sólo el 7% de nuestra comunicación se basa en las palabras que utilizamos. El lenguaje corporal representa el 55%, lo cual no es sorprendente. Sin embargo, el 38% de nuestra comunicación se expresa a través del tono de voz.

El propio Mehrabian explicaba que la proporción 7-38-55 se producía cuando las personas hablaban de sus emociones. Sin embargo, si quieres que la comunicación tenga sentido y sea honesta, es necesario transmitir emociones. En el caso de Sarah, ella había basado toda su relación en el 7% de la comunicación. Había perdido una gran parte de la interacción humana.

Esto no solo afecta a la forma en la que interpretas a los demás y las interacciones sociales. El hecho de no ser consciente de tus propias señales no verbales influye en tu capacidad para comunicar eficazmente todos los mensajes que quieres transmitir. No exagero: ¡todos los mensajes!

Está en la naturaleza humana querer sentir que uno pertenece al grupo. Cuando tienes dificultades para comunicarte, una de las primeras cosas que sucede es que empiezas a sentirte aislado de los demás. En ocasiones, evitas las situaciones sociales; otras veces, puede que estés físicamente presente pero tan preocupado por la impresión que das o por cómo te interpretan que no te arriesgas a relacionarte con otros. Este aislamiento puede causar trastornos mentales graves, especialmente ansiedad.

Como depende de la comunicación verbal, con frecuencia hay muchos problemas de confianza en las interacciones. Es muy difícil saber en qué posición estás respecto a alguien cuando sus mensajes verbales y no verbales son contradictorios. Lo mismo ocurre cuando otros confían en ti. La confianza es esencial en todas nuestras relaciones.

Otra de las condiciones humanas consiste en el deseo de complacer a los demás, ya sean tus padres, tus hijos, tus amigos o tus compañeros de trabajo. ¿Cómo puedes satisfacer sus necesidades cuando no puedes hacer una lectura precisa de ellas? Resulta frustrante cuando alguien te dice que está bien pero después actúa de forma completamente diferente.

Es posible que ya hayas intentado mejorar tu capacidad de leer a los demás, pero después de millones de resultados obtenidos en una búsqueda en Internet, te sientes más confundido que nunca. La saturación de información desemboca rápidamente en la parálisis por análisis. Más que actuar, te hundes todavía más en el aislamiento.

Es un círculo vicioso. Cuanto más dudas de tus propias capacidades, más se apoderan de ti las inseguridades. Se vuelve más difícil confiar en uno mismo y en los demás y, en vez de correr el riesgo del miedo al rechazo, simplemente es más seguro desconectarse.

El resultado final es que tus relaciones sentimentales se vuelven tensas, luchas por avanzar en tu carrera profesional y te encuentras rechazando cada vez más actividades. Tus amigos comienzan a distanciarse e incluso llegas a dudar de tus habilidades como padre porque no sabes si vienes o vas.

Quizá te digas a ti mismo que esto está bien y que eres perfectamente feliz con Netflix y tu sofá, pero al final, esto te pasará factura. El aislamiento social puede provocar depresión, falta de sueño, deterioro de la salud cardiaca y disminución de la inmunidad. Puede ser el doble de perjudicial que la obesidad, tanto física como mentalmente.

Nadie debería vivir así. Con independencia de nuestros antecedentes y experiencias, todos merecemos vivir la vida que queremos, una vida feliz y llena de nuestras pasiones. Y, con independencia de tus intentos anteriores, sí que tienes la capacidad de aprender a leer absolutamente todo el mundo.

Empezaremos con los fundamentos de la lectura de las personas y lo que son las señales sociales en relación con la comunicación verbal y no verbal. Aprenderemos a entender lo que sienten las demás personas basándonos en las señales que emiten varias partes de su cuerpo, así como a detectar emociones cuando no es posible la comunicación cara a cara.

Al final de este libro, serás capaz de leer eficazmente a adultos, niños, adolescentes e incluso a personas con trastornos de personalidad que son expertas en ocultar sus emociones.

Me llevó más de una década dominar la habilidad de leer rápidamente a los demás. Al igual que tú, yo tenía graves problemas para malinterpretar a los demás, crear barreras y vivir en un conflicto continuo. Mi propio periplo me llevó a convertirme en coach de vida y, a partir de ahí, mi motivación por ayudar a los demás no hizo más que crecer.

Mis experiencias personales y profesionales como especialista en crecimiento personal, gestión del estrés e interacción social me han motivado a publicar libros sobre los temas que me apasionan. Después de que mi libro Cómo dejar de pensar demasiado se convirtiera en uno de los más vendidos en Amazon, tanto en el Reino Unido como en Estados Unidos, me di cuenta de que podía seguir llegando a más gente y ayudarles a cambiar sus vidas.

Y en eso estamos hoy. Los cambios no son fáciles, pero podemos hacer que lo sean con estrategias sencillas de aplicar que puedes empezar a poner en práctica de inmediato. El conocimiento es poder y tu conocimiento empezará por lo que realmente significa saber leer a alguien.

CAPÍTULO UNO: EL ARTE DE LEER A LOS DEMÁS

El estudio de los gestos no es nuevo. Los antiguos griegos y romanos estudiaban intensamente los gestos en las escuelas de arte dramático. Ya en la Edad Media, los documentos escritos se hacían oficiales mediante gestos porque la mayoría de la gente no sabía ni leer ni escribir. Los analfabetos recurrían más a un acuerdo verbal y a un apretón de manos que a un contrato escrito.

El antropólogo Ray Birdwhistell formuló el término kinésica en 1952. En su definición del estudio e interpretación de los movimientos corporales incluía la expresión facial, los gestos, la postura y la forma de moverse, así como los movimientos visibles de los brazos y el cuerpo.

En la actualidad, el término kinésica se utiliza para referirse al lenguaje corporal y comprende la expresión facial, los gestos, el contacto visual, la posición de la cabeza, la forma y postura del cuerpo e incluso la apariencia. A Birdwhistell no le gustaba el término lenguaje corporal porque no veía nuestros movimientos como algo que pudiese ser definido como un lenguaje, sino más bien como una gramática que podíamos analizar.

La kinésica es, probablemente, una de las formas de comunicación no verbal más conocidas. Es la manera en la que transmitimos un mensaje sin palabras verbales o escritas. Además, puede ayudar a aclarar un mensaje verbal aunque, sin la habilidad de leer a las personas, se puede confundir el mensaje.

Vamos a empezar con una definición de cómo leer a las personas.

¿Qué significa realmente leer a las personas?

La mayoría de nosotros recuerda que nuestros padres en algún momento nos amenazaron con la frase "puedo leerte como a un libro" esperando descubrirnos en alguna mentira. La definición del diccionario muestra cómo esto va más allá de buscar indicios de la verdad. Leer a alguien como un libro significa que eres capaz de "comprender fácilmente los verdaderos pensamientos y sentimientos de (alguien) observando cómo actúa o se comporta esa persona". (Merriam-Webster, 2022).

Cuando observas a una persona, ya sea de cerca o de lejos, y te formas opiniones sobre ella basándote en su aspecto o sus movimientos, la estás leyendo. Todas estas opiniones las creamos antes de que la persona hable. Cuando la comunicación comienza y sigues leyendo a una persona, tus opiniones pueden cambiar. Puede que descubras que tus pensamientos iniciales eran erróneos o que confirmes tu creencia original.

Al igual que Sherlock Holmes, los criminólogos del FBI y otros especialistas de las fuerzas de seguridad son extremadamente detallistas con las personas. Sus habilidades de lectura de personas abarcan técnicas de observación, psicológicas y analíticas. También hay muchos líderes en el mundo que utilizan técnicas similares para motivar e inspirar.

Obviamente, estos expertos son capaces de leer los pequeños cambios que se producen en el individuo, pero sus habilidades van mucho más allá. También tienen en cuenta el aspecto de la persona y su forma de vestir. Algo tan sencillo como un tatuaje o un collar pueden ser indicios de cultura o creencias.

En el próximo capítulo trataremos las habilidades que hacen que los expertos sean tan buenos leyendo a la gente. Por el momento, es importante recordar que leer a las personas es una habilidad que cualquiera puede aprender, pero es también un proceso continuo que hay que practicar con la mayor frecuencia posible.

¿Por qué es tan importante saber leer a la gente?

¿Alguna vez te acercaste a un profesor, compañero de trabajo o jefe para pedirle un favor y te sacaron los dientes sin motivo aparente? No es como si estuvieses pidiendo un riñón, pero la respuesta te dejó estupefacto. A un nivel muy básico, aprender a leer a la gente te ayuda a evitar que te acerques a una persona o a una situación de forma equivocada.

Ser capaz de leer a la gente significa saber cuándo es el momento adecuado para pedirles algo y cuándo es mejor mantenerse alejado de ellos. También te ayuda a saber cuándo alguien puede estar emocionado o necesita ayuda.

Cuando eres capaz de reconocer las emociones de otra persona antes de que hable, te puedes preparar para que la conversación sea más productiva. Si percibes que una persona está triste o deprimida en vez de ser antisocial, tus reacciones son diferentes. No sientes negatividad hacia ella. En cambio, tu nivel de empatía aumenta y ofreces apoyo.

Es una capacidad crucial porque puedes adaptar tu comunicación para que la otra persona la reciba mejor. Y esto no es solamente necesario para nuestras interacciones sociales. La vida familiar es mucho más fácil cuando sabemos cuál es el mejor momento para hablar de ciertos temas.

Por ejemplo, los adolescentes y los niños pequeños. Sus niveles de energía suelen ser muy irregulares. Cuando un padre ve que su hijo está cansado, nervioso o preocupado, tiene poco sentido pedirle que ordene sus juguetes, a menos que quiera arriesgarse a una rabieta. Tampoco querrías hablar de sexo o drogas con un adolescente cuando está agitado o estresado por los exámenes.

Los adolescentes se caracterizan por no hablar de sus sentimientos. Los niños pequeños aún no son conscientes de sus emociones ni de cómo expresarlas. Los padres necesitan esta súper habilidad para comunicarse mejor con sus hijos y aliviar la tensión.

Una relación nueva puede ser como atravesar un campo minado. Las banderas rojas pueden aparecer en cualquier momento, advirtiéndonos del peligro. Si te das cuenta de que tu pareja tiene tendencia a hablar en un tono alto, a exagerar los gestos con las manos o a impacientarse mientras conversan, podrías estar tratando con un narcisista. Algo que puede que no descubras pronto si te basas únicamente en la comunicación verbal.

La comprensión de lo que todos estos mensajes no verbales te están diciendo es una forma de autoprotección contra el dolor y los peligros potenciales. Te permite mejorar a la hora de confiar en tus instintos y establecer relaciones genuinas y significativas con otras personas.

Como, en general, no sabemos leer muy bien a las personas ni sus emociones, si mejoramos nuestras habilidades, podremos ayudar a quienes no saben o no se sienten cómodos expresando sus emociones y con la comunicación en general.

Si con tan solo mirar a una persona te das cuenta de que es tímida o se siente incómoda, puedes adaptar tu lenguaje corporal para ayudarla a sentirse segura y relajada. De esta forma, es más probable que la conversación se desarrolle de forma positiva y la persona se sienta más inclinada a abrirse. Al compartir las emociones aumentan la empatía y la confianza.

La vida resulta mucho más satisfactoria cuando somos capaces de mejorar lo que siente el otro en lugar de hacerlo sentir peor. Tu comunicación no verbal puede demostrar a los demás que estás escuchando, prestando atención y participando. Así, los otros se sentirán especiales y respetados.

¿Por qué a las personas les cuesta expresar honestamente sus sentimientos?

Otra de las razones por las que tenemos que mejorar nuestra capacidad de leer a las personas es porque a algunos no se nos da bien expresar nuestras emociones. La sociedad desaprueba la expresión de ciertas emociones, especialmente las que rompen las normas. Incluso hoy en día, en algunas culturas, se acepta que los hombres muestren ira y agresividad, pero no tristeza o miedo. Las mujeres que se hacen valer raramente son vistas de la misma manera que los hombres.

Según la sociedad o la cultura en la que vive una persona, expresar emociones puede considerarse un signo de debilidad o vulnerabilidad. Cuando tenemos miedo a la vulnerabilidad, en realidad nos asusta ser rechazados o abandonados, y naturalmente no queremos que nos lastimen. Nos parece más fácil poner esta barrera emocional a nuestro alrededor.

Otro problema es que muchas personas no son conscientes de sus emociones. Entre el hecho de no saber sentir y la sensación de no poder expresar ciertas emociones, puede resultar difícil hablar de cómo se sienten de verdad e incluso confiar en sus propios sentimientos.

Sin embargo, si queremos comunicarnos eficazmente y fortalecer nuestras relaciones, no debemos ignorar el papel que juegan las emociones. Gracias a la promoción de la inteligencia emocional, observamos mejoras en la conciencia emocional, pero hasta que no cambiemos nuestra forma de pensar, deberemos confiar en nuestra capacidad de leer a las personas para obtener una visión completa.

Hace años, me encontraba en una fiesta hablando con un grupo de hombres, todos riendo y haciendo bromas acerca de las travesuras de sus hijos. El ambiente era relajado y, observando a los miembros del grupo, pude ver que todos se sentían cómodos compartiendo.

Alguien habló de su pareja, sin dejar de bromear, y la mayoría del grupo siguió riendo y asintiendo con la cabeza. Un hombre, sin embargo, no lo hizo. Su mirada se dirigió a su mano y su pulgar restregó la zona donde solía encontrarse un anillo de matrimonio. Las patas de gallo alrededor de sus ojos se desvanecieron y apareció un ligero ceño fruncido.

Al leer estas señales, me di cuenta de que su matrimonio había terminado, y seguramente hacía poco tiempo. Tras esto, pude volver a cambiar el tema de conversación para que no tuviera que seguir escuchando historias que le causarían más dolor.

Me hizo sentir bien y me motivó para aprender más sobre esta valiosa habilidad.

Evalúa tu capacidad para leer a los demás

¿Cuál es tu capacidad actual para leer a las personas? Utilicemos esta sección final para evaluar lo bueno que eres y lo que puedes mejorar. Recuerda que no se trata de aprobar o reprobar. Es simplemente para obtener una referencia.

1. ¿Con qué frecuencia son acertadas tus primeras impresiones?

- Siempre
- La mayoría de las veces
- A veces
- Casi nunca

2. ¿Con qué frecuencia entiendes las bromas sutiles?

- Siempre
- La mayoría de las veces
- A veces
- Casi nunca

3. ¿Qué tan observador crees que eres?

- Extremadamente
- Algo
- No mucho
- En absoluto

4. ¿Eres capaz de detectar cuando alguien actúa de forma diferente a la habitual?

- Definitivamente
- En algunas situaciones
- No muy frecuentemente
- No sé lo que se considera habitual

5. ¿Cuánto tiempo pasas hablando en una conversación?

- 25%
- 50%
- 75%
- 100%

6. ¿Qué significa el hecho de que alguien se aleje de ti?

- Me tienen miedo
- Están sacando una conclusión sobre mí
- Es una reacción negativa pero no estoy seguro por qué
- No lo sé

7. ¿Qué parte del cuerpo se frota una persona cuando está mintiendo?

- Los ojos
- La frente
- La nariz
- Los labios

8. ¿Qué consideras más positivo?

- Palmas hacia abajo
- Palmas hacia arriba
- Palmas en el regazo pero cerradas

9. ¿Cuánto dura el contacto visual ideal?

- Alrededor de un segundo
- Tres segundos
- Cinco segundos

10. ¿Cuál de las siguientes afirmaciones te parece que es cierta?

- Los hombres y las mujeres presentan señales no verbales diferentes
- Existen algunas señales no verbales universales
- Las señales no verbales se modifican con la edad
- La cultura influye en el lenguaje corporal

A lo largo de este capítulo, has descubierto que leer los movimientos y el comportamiento de las personas, y no solo escuchar sus palabras, es muy positivo para tus relaciones personales y profesionales. Aunque parece una habilidad reservada para personas superdotadas, es algo que eres más que capaz de hacer; lo único que necesitas es la información y la práctica apropiadas.

Antes de avanzar al siguiente capítulo, comprueba cómo te ha ido en el cuestionario de autoevaluación. Las primeras cinco preguntas son subjetivas y te ayudarán a tomar conciencia de ti mismo. A continuación encontrarás las respuestas a las preguntas seis a diez:

6) Por lo general, cuando alguien se inclina hacia otro lado es algo negativo.

7) Alguien se frota la nariz, y descubrirás por qué en nuestro capítulo acerca de la mentira.

8) Las palmas de las manos hacia arriba son una señal positiva.

9) Según los expertos, lo ideal son tres segundos de contacto visual antes de distanciarse.

10) Todas las afirmaciones son ciertas.

CAPÍTULO DOS: PREPARADOS, LISTOS, A LEER

Confieso que me encanta la serie Mentes Criminales. Aunque me gusta un buen thriller de todas formas, ésta es mi serie favorita porque no consiste tanto en averiguar quién cometió el crimen sino en el proceso que emplean los criminólogos para descubrir y capturar al culpable.

La elaboración de perfiles criminales data al menos de la década de 1880, con la persecución del famoso Jack el Destripador en Inglaterra. Dos médicos, George Phillips y Thomas Bond, pudieron predecir la personalidad de Jack el Destripador basándose en las pistas encontradas en la escena del crimen. No fue hasta unos sesenta años más tarde cuando las ventajas de esta habilidad salieron realmente a la luz.

En la década de 1940 hubo más de treinta atentados aleatorios en Nueva York. Los atentados se detuvieron durante la Segunda Guerra Mundial, pero en 1950, cuando fueron atacadas la Biblioteca Pública de Nueva York y la Grand Central Station, la policía, desorientada, acudió al psiquiatra James A. Brussel.

Mediante el uso de métodos psiquiátricos y psicoanalíticos, además del sentido común, Brussel fue capaz de ofrecer una descripción detallada del terrorista, George Metesky, incluso hasta el tipo de chaqueta que iba a llevar cuando lo detuvieran (en lo que Brussel acertó).

En la década de 1970, la elaboración de perfiles criminales registró otro gran avance. Los agentes supervisores del FBI John E. Douglas (también conocido como el susurrador de asesinos en serie) y Robert Ressler entrevistaron a treinta y seis asesinos en serie y crearon la base de datos ViCAP, Violent Criminal Apprehension Program.

Este programa documentaba patrones de comportamiento y permitía a las fuerzas del orden cotejar los detalles de los crímenes con los patrones de otros criminales violentos, lo que permitió capturar a algunos de los asesinos en serie más terribles de la historia, como Charles Manson y Ted Bundy.

Hoy en día, los agentes del FBI admiten que leer a las personas no es algo que solo puedan hacer los profesionales.

Como dijo LaRae Quy, agente de contrainteligencia del FBI durante veintitrés años: "No hace falta ser un interrogador de primera para averiguar lo que pasa por la cabeza de alguien. Las señales siempre están ahí; lo único que hay que hacer es saber qué buscar".

Comenzaremos analizando cómo los criminólogos aprenden a leer a las personas, antes de considerar realmente el lenguaje corporal de un individuo.

Factores que pueden afectar tu forma de leer a las personas

Para empezar, debemos tener en cuenta las diferentes culturas y las señales no verbales. Es un error suponer que todo el mundo expresa el mismo lenguaje corporal. Un apretón de manos es un ejemplo perfecto. Es posible que estés acostumbrado a recibir un apretón de manos firme y a tener la sensación de que la otra persona tiene confianza, si es que estás acostumbrado a una cultura occidental. Si vienes del Lejano Oriente, este gesto se consideraría agresivo. En el norte de Europa, un apretón de manos rápido es apropiado, pero en el sur de Europa y en América se prefiere un apretón de manos más largo.

En general, el grado de contacto varía de una cultura a otra. Latinoamérica, el sur de Europa y los países de Oriente Próximo se consideran culturas de mucho contacto, por lo que notarás que la gente se toca más y se acerca más al hablar. En los países del norte de Europa y en Norteamérica el contacto es medio, mientras que en Extremo Oriente es bajo.

Los gestos con las manos pueden ser una verdadera metedura de pata cuando se utilizan en culturas diferentes. La palma de la mano hacia arriba con el dedo índice curvado hacia dentro suele considerarse una señal de acercamiento, pero en los países asiáticos el mismo gesto es increíblemente grosero. El "pulgar hacia arriba" es señal de un buen trabajo únicamente en Europa y América. En Grecia y Oriente Medio, el "pulgar hacia arriba" significa "a lo tuyo".

Y, naturalmente, el contacto visual es una de las áreas del lenguaje corporal de las que más se habla y constantemente se nos recuerda la necesidad de entablar un buen contacto visual. No obstante, en Asia es una falta de respeto mirarse a los ojos.

Incluso dentro de una misma cultura, tu capacidad para leer a la gente tendrá que tener en cuenta los distintos tipos de personalidad. En un nivel básico, tenemos introvertidos y extrovertidos. Los expertos han advertido que los introvertidos tienden a ser más rígidos en situaciones sociales, sobre todo cuando hay que mover los brazos y hacer gestos con las manos. Tienden más a romper el contacto visual, concretamente mirando a la derecha.

Los extrovertidos, en cambio, son más proclives a mirar a una persona cuando les habla, estallar en carcajadas y moverse por la habitación más que un introvertido. Después de un contacto visual más prolongado, los extrovertidos lo romperán más a menudo mirando hacia la izquierda.

Aquellas personas cuya personalidad se inclina hacia la introversión también tienen más dificultades para leer el lenguaje corporal de los demás, y sólo el 50 por ciento siente que tiene control sobre su propio lenguaje corporal. Por el contrario, el 61 por ciento de los extrovertidos sienten que tienen control sobre su lenguaje corporal. Los tipos de personalidad más turbulentos tienen más probabilidades de sentir que su lenguaje corporal los ha traicionado de alguna manera, en comparación con los tipos de personalidad más asertivos, con un 73% y un 58% respectivamente (NERIS Analytics Limited, 2020).

Además, existen una serie de afecciones neurodivergentes que hacen que las personas reaccionen ante situaciones sociales de un modo que está fuera de lo que se considera normal. La neurodiversidad abarca afecciones como el autismo, el trastorno por déficit de atención con hiperactividad, el síndrome de Tourette, la dispraxia (un trastorno que afecta al movimiento y la coordinación) y otros retrasos y trastornos del aprendizaje.

El cerebro de una persona neurodivergente funciona de forma diferente al de una persona típica. Esto no significa que sea malo o erróneo, sino que el cerebro reacciona de forma distinta ante las fortalezas y debilidades. Una persona neurodivergente puede luchar con la comunicación no verbal pero sobresalir en otras áreas, como la atención al detalle o la comunicación escrita. Aun así, se trata de algo más que puede influir en cómo leemos a las personas.

Estos son los factores principales que podrían influir en la forma en que se lee a la gente, pero aprenderemos más sobre esto cuando descubramos las bases. Antes de esto, toca trabajar en nuestra propia inteligencia emocional.

El desarrollo de la inteligencia emocional

La inteligencia emocional es la capacidad de reconocer la amplia gama de emociones que experimentamos y de saber cómo procesarlas para no reaccionar negativamente ante ellas. Por ejemplo, piensa en lo beneficioso que sería reconocer la frustración antes de que se convierta en un estallido de ira.

El desarrollo de la inteligencia emocional te permite comprender mejor cómo influyen tus emociones en tu comportamiento. Es posible que estés intentando transmitir un mensaje positivo, pero que la tensión en tu cara y en tu cuerpo hagan saber a los demás que no te sientes bien. Esto interrumpe la comunicación, porque las señales verbales y no verbales son contradictorias.

Por otro lado, cuando mejoras a la hora de reconocer tus propias emociones, te es más fácil captar los mensajes que emiten los demás, incluso cuando intentan disimularlos.

Lo primero que hay que hacer es ser consciente de uno mismo. Las personas que son conscientes de sí mismas no dejan que sus sentimientos controlen su comportamiento o sus actitudes. Confían en sus instintos y, lo que es más importante, son capaces de mirarse a sí mismos con honestidad para determinar sus puntos fuertes y débiles y comprometerse a mejorar.

Luego, la inteligencia emocional implica la capacidad de controlar las emociones, especialmente las más fuertes. Para lograrlo, es una buena idea considerar la forma en la que reaccionas ante situaciones estresantes. ¿Eres capaz de mantener la calma o tus emociones afectan a los demás? A partir de ahí, puedes empezar a desarrollar un mayor nivel de empatía poniéndote en el lugar de quienes son receptores de tus emociones.

No siempre es fácil aceptar la crítica constructiva de los demás, pero esta retroalimentación puede aportarte información valiosísima y perspectivas que de otra manera no habrías considerado.

No me canso de repetir que la observación contribuye a mejorar la inteligencia emocional. Observa cómo reacciona la gente y los cambios que se producen en su cuerpo al cambiar sus emociones. Lo puedes hacer cuando estés interactuando con otras personas o incluso cuando estés fuera de casa, mirando cómo interactúa la gente en diferentes situaciones. Imagina lo diferente que sería el lenguaje corporal de la gente en un hospital en comparación con el de un aeropuerto.

Regresemos a ese punto de partida y a por qué es importante.

La necesidad de una base de referencia

Cada uno de nosotros tiene sus propias peculiaridades de conducta. Algunas personas juegan con su pelo más frecuentemente que otras, parpadean menos o mueven los pies cuando están sentadas. Hay gente -e incluso culturas- que hablan más alto que otras. Algunas de estas cosas nos pueden dar una idea de sus sentimientos y comportamientos, pero en otros casos se trata simplemente de algo normal para ellos.

Por eso es necesario que establezcamos una línea de referencia para cada persona. Entender lo que es normal para una persona en particular te ayudará a detectar diferencias y variaciones con respecto a la línea de referencia, lo que podría darte más información acerca de una persona en una situación determinada.

Tomemos como ejemplo el parpadeo. Los adultos parpadean un promedio de doce veces por minuto (Kwon, et al., 2013). Cuando las personas parpadean rápidamente (más que el promedio) puede deberse a que están nerviosas, mientras que el parpadeo lento puede ser una expresión de incredulidad después de que alguien haya hecho algo ridículamente estúpido. Sin embargo, cuando Eva está cansada, parpadea menos y más despacio.

Utilizando esta línea de referencia, sabemos que cuando estamos hablando con Eva, el parpadeo lento es un comportamiento normal y ella no piensa que seamos unos completos tontos. Por otro lado, Mason parpadea más cuando está hablando, aunque no está nervioso.

Lo que también influye en una línea de referencia es dónde se sitúa una persona en el espectro de la agresividad. Las personas agresivas, pasivas, pasivo-agresivas y asertivas poseen naturalmente diferentes líneas de referencia.

Agresivo

Los individuos agresivos acostumbran a mostrar un comportamiento colérico y hostil. Aunque es posible que no dañen físicamente a los demás, son habituales las señales de advertencia como acciones contundentes, gritos, malas palabras o insultos. Es posible que invadan el espacio personal, y sus gestos suelen ser cortantes y bruscos. Expresiones faciales como cejas fruncidas, labios tensos o mandíbula prominente son indicios de agresividad. Aunque su cara parezca tranquila, su lenguaje corporal puede mostrar agresividad, por ejemplo cuando se frotan las manos o el cuello.

La manipulación, aunque no sea una amenaza física, se considera un comportamiento agresivo. Los manipuladores muestran diferentes señales de lenguaje corporal, como frotarse las manos para indicar intenciones egoístas o rozarse el cuello para simular ansiedad o culpabilidad.

Establecer una línea de referencia para todas las personas que conozcas puede parecer desalentador, pero comenzar con gente que conozcas bien puede ayudarte. Es posible que ya estés familiarizado con sus comportamientos típicos, por lo que te resultará más fácil detectar cualquier inconsistencia. Por ejemplo, si alguien se rasca el mentón cuando normalmente no lo hace, puede significar que no está seguro o que no está de acuerdo con lo que dices.

Es importante comprender las líneas de referencia a la hora de interpretar los cambios en el lenguaje corporal. Mientras que alguien puede cambiar la posición de su cuerpo por incomodidad, un manipulador puede hacerlo a propósito para desencadenar tu respuesta al estrés e influir en tu toma de decisiones.

Pasivo

Existe una relación entre el comportamiento pasivo y los trastornos mentales, tales como la depresión. Por esta razón, es entendible que algunas personas con comportamiento pasivo evadan las situaciones sociales.

La pasividad puede llevar a evitar la confrontación, a defenderse a uno mismo y a sus creencias, y a imponer límites. Algunas situaciones desembocarán en una sensación de impotencia o desamparo, sobre todo cuando se trata de personas agresivas.

El lenguaje corporal pasivo a menudo incluye "retraimiento". Físicamente, las personas pueden abstenerse de las multitudes y las conversaciones. Si ves a un grupo de gente y observas que una persona se mantiene al margen, es probable que sea pasiva.

La postura también puede ser más encogida, con los hombros caídos y la cabeza gacha. Un signo común de incomodidad es jugar con las joyas o la ropa.

Una comparación de referencia muy interesante es juguetear con el pelo. Una mujer pasiva puede jugar con su pelo porque se siente incómoda. Una mujer segura de sí misma es más probable que juegue con su pelo cuando coquetea con alguien, llamando la atención hacia su aspecto físico.

Pasivo-Agresivo

El comportamiento pasivo-agresivo puede definirse como hostilidad indirecta. Los individuos que adoptan un comportamiento pasivo-agresivo suelen evitar la confrontación mostrándose ambiguos. Es posible que utilicen la impuntualidad o la procrastinación para expresar su malestar o intentar controlar a los demás. También podrían recurrir al silencio o a hacer berrinches cuando las cosas no salen como ellos quieren.

Una persona pasivo-agresiva puede cruzarse de brazos o de piernas, indicando autoprotección o una actitud defensiva. Fisiológicamente, cruzar los brazos o las piernas restringe el flujo sanguíneo a las extremidades, lo que garantiza que haya más sangre disponible para el corazón y otros órganos esenciales. La mala postura puede ser señal de desinterés en la conversación, pero también un reflejo de falta de habilidades comunicativas. Otros signos pueden ser una caída repentina de la sonrisa o la risa, ya que, naturalmente, éstas se desvanecen poco a poco, o tensión en las mandíbulas y los labios al tratar de reprimir las frustraciones.

Un ejemplo clásico de comportamiento pasivo-agresivo es la mirada en blanco combinada con un suspiro. Se trata de un mero signo de irritación o fastidio. Pero en el contexto de la línea de referencia, ¿se puede realmente comparar a un adulto de 35 años con un adolescente de 15?

Asertivo

Una personalidad asertiva se siente segura de sí misma y tiene confianza para expresar sus opiniones y defender sus derechos de manera respetuosa. Tiene la capacidad de liderar, pero es consciente también de los pensamientos y emociones de aquellos a quienes lidera. Los individuos asertivos dominan el arte de la comunicación verbal, alcanzando un equilibrio ideal entre su capacidad de expresarse y la de comprender a los demás.

Su lenguaje corporal también refleja este equilibrio. Las personas asertivas se mantienen erguidas y sus movimientos son enérgicos, sin intimidar a quienes los rodean. En situaciones personales, miran a la persona de frente y mantienen el contacto visual, con pausas suficientes para evitar que el otro se sienta incómodo. En grupos, distribuyen eficazmente el contacto visual y la posición del cuerpo para que todos se sientan incluidos.

Quienes se muestran asertivos son más conscientes de los pensamientos y opiniones de los demás, por lo que también pueden tener mayores niveles de empatía, llegando incluso a hacer que las personas pasivas se sientan más cómodas. Esto puede ser especialmente beneficioso a la hora de leer las señales no verbales de los demás y de adaptar su lenguaje corporal.

La clave para desarrollar una línea de referencia es que no existe una solución única. Para las personas que acabas de conocer, los conceptos básicos de la comunicación no verbal son esenciales, pero no hay lugar para suposiciones. Cada individuo es único, y tomarse el tiempo necesario para apreciar sus características particulares será muy positivo para las relaciones futuras.

Sin embargo, incluso después de tener en cuenta las personalidades individuales, hay algo más que puede influir en cómo interpretamos a los demás. Esto no depende de su personalidad, sino más bien de los prejuicios que tenemos incorporados.

Cómo influyen los prejuicios y la intuición en la lectura de las personas

Todos solemos tener prejuicios y juzgar a las personas. Si somos totalmente sinceros, en algún momento decidimos si alguien nos caía bien antes de tener la oportunidad de llegar a conocerle o incluso de hablar con esa persona.

Desafortunadamente, esa predisposición hacia una persona puede influenciar la forma en la que la leemos. Si ya has decidido que no te gusta, sus gestos enérgicos con las manos pueden llegar a molestarte, en vez de que lo veas como una señal de su entusiasmo. Las personas responden de forma diferente (verbal y no verbalmente) cuando reciben un cumplido, y nos dejamos influir de forma inconsciente cuando estamos en compañía de gente atrayente.

Para interpretar a las personas, es imprescindible que dejes de lado tus prejuicios, juicios y estereotipos. Procura hacer un esfuerzo consciente para corregir las opiniones que te formas sin tener pruebas. Las experiencias y creencias pasadas no deberían llevarnos a juzgar a las personas. Ser objetivos y abiertos de mente es la mejor manera de contemplar el panorama general tal y como es.

Parece irónico, pero al mismo tiempo hay que escuchar a nuestros instintos. Los instintos son respuestas primarias a las situaciones y las personas. Según un estudio de la Facultad de Ciencias Psicológicas de la Universidad de Tel Aviv, nuestros instintos aciertan el 90% de las veces (Prigg, 2012).

Un buen equilibrio entre ambos podría consistir en escuchar a tus instintos y, cuando esas banderas rojas internas se eleven, es el momento de prestar un poco más de atención a las señales no verbales para confirmar tus sentimientos.

Contextualización

Cada persona actúa de manera distinta dependiendo del entorno en el que se encuentre y de con quien esté. Esto ocurre porque nuestros niveles de tranquilidad y confianza varían según el grado de familiaridad. Si alguna vez has viajado, seguro que sabes que estabas mucho más nervioso en el aeropuerto la primera vez que la quinta o incluso la décima.

Los cambios de comportamiento provocados por el entorno no solo afectan a los adultos. Los niños son un claro ejemplo. ¿Cuántas veces viste a tu hijo corriendo por la casa como uno de los Looney Tunes pero luego el maestro te dice que es un completo ángel en el salón de clases?

Ya se trate de un niño en la escuela o de un adulto en una sala de reuniones, hay que ser capaces de recordar que el entorno cambiará el comportamiento de una persona, igual que cambia el tuyo.

Las piernas cruzadas suelen ser señal de desinterés o de aislamiento. También podría ser simplemente que alguien lleva falda y se siente más a gusto así.

Por qué los grupos de gestos son importantes

Para agrupar todo esto y comprender por completo las señales no verbales de otra persona, lo último y fundamental a la hora de leer a la gente es tener en cuenta los grupos de gestos.

Un solo gesto puede no significar lo que pensamos, y teniendo en cuenta cuántos gestos se hacen a lo largo de una conversación, uno puede llegar a volverse loco tratando de entenderlos todos.

Por ejemplo, puede que alguien carraspee porque tiene una enfermedad en la garganta. También es posible que carraspee varias veces si tiene alergia. Pero si carraspea mucho, mira al suelo y se mueve nerviosamente con las manos, el conjunto de gestos nos indica que podría estar nervioso.

Para comprender mejor los movimientos de las personas y lo que pueden estar diciéndote, formula preguntas abiertas y presta atención a las respuestas.

Estas preguntas te pueden proporcionar más información acerca de una persona y sus sentimientos, pero también, al responder, te darán más pistas no verbales que podrás leer.

¿Eres consciente de ti mismo?

En este momento, dedica unos instantes a reflexionar acerca de tu propia inteligencia emocional. ¿Eres capaz de identificar exactamente cómo te sientes más allá de los habituales bien, contento, cansado, estresado y enojado? Cuando afloran emociones intensas, ¿puedes controlarlas sin reprimirlas ni ignorarlas?

¿Y qué hay acerca de tus propios prejuicios? El mayor prejuicio de todos es pensar que eres imparcial. Comienza por examinar detenidamente tus pensamientos respecto a cosas como la edad, el sexo, la religión, las discapacidades y el origen étnico. Cuando notes que empiezan a surgir suposiciones, recuerda que esos pensamientos ya no están permitidos.

Y por último, amplía tus experiencias. Si todavía no te sientes lo suficientemente seguro como para intentar probar nuevas situaciones sociales, está bien. Pero lo que puedes hacer es leer blogs y artículos, o escuchar podcasts de gente de culturas y orígenes diferentes.

También puedes mirar películas que cuenten la vida y las experiencias de personas con las que normalmente no te relacionarías. Puede parecer que no es gran cosa, pero te llevará a tener una mentalidad más abierta y a ser más observador de las diferencias.

Cuando veas o escuches la frase "leer a la gente", es probable que pienses inmediatamente que se trata únicamente del lenguaje corporal. Sin embargo, las palabras habladas -y el significado real que hay detrás de ellas- también son muy importantes a la hora de entender lo que los demás intentan comunicar. El próximo capítulo está dedicado a las señales verbales y a lo que éstas nos revelan.

CAPÍTULO TRES: LAS CLAVES VERBALES: LEER ENTRE LÍNEAS

Quizá sea que damos por sentada a la voz. Basta con mirar a La Sirenita, quien no tardó en renunciar a ella. La capacidad de hablar implica habilidades lingüísticas que desarrollamos en los primeros años, pero ¿qué ocurre con el aspecto físico del habla? Para pronunciar una sola frase se necesitan cien músculos de los labios, la lengua, la mandíbula, el cuello y el pecho (Morris, 2019).

La forma en que decimos las palabras proporciona al oyente una gran cantidad de información, sobre todo relacionada con el estado de ánimo y los sentimientos. Incluso un "hola" de presentación puede expresar placer, felicidad, aburrimiento, enojo, tristeza, agresión, dominancia o sarcasmo. Según el tono, se puede percibir ironía o afecto. Además, con la práctica, serás capaz de detectar la intensidad de estas emociones.

Volviendo a las líneas de referencia, la voz promedio de una conversación produce 60 dB (decibelios) a un metro de distancia. Una conversación tranquila se sitúa en torno a los

35-40 dB, mientras que un grito produce 75 dB. Para contextualizar, la música alta en la radio produce unos 80 dB. Si no sabes lo que son estas cifras, y es comprensible, existen aplicaciones en las que puedes reproducir un sonido y te dirán los decibelios.

Podríamos pensar que las indicaciones verbales son fáciles de entender, aunque no siempre es así.

La importancia de escuchar activamente

La escucha activa es el arte de prestar toda la atención a la persona que habla. Implica entender su mensaje y emplear tanto las palabras como el lenguaje corporal para demostrar que estás atento.

Pero no siempre es fácil mantener la atención. ¿Cuántas veces te encuentras distraído en una conversación, pensando en la cena o en cualquier otra cosa? O quizás ya estás planeando tu respuesta antes de que terminen de hablar. Hasta el ruido de fondo puede distraerte de escuchar atentamente.

Escuchar activamente refuerza las relaciones porque la otra persona se siente valorada y respetada. Esto fomenta la confianza y una conexión más fuerte. Por otra parte, menos malentendidos suponen menos conflictos.

La escucha activa es fundamental para obtener toda la información importante. Permite comprender diferentes puntos de vista e ideas, lo que resulta esencial para la resolución de problemas y la toma de decisiones. Esta habilidad no solo es útil en la vida personal, también es decisiva en el ámbito profesional, especialmente para los líderes. Los equipos que se sienten escuchados tienen más probabilidades de sentirse valorados y comprendidos.

La empatía y la escucha activa están estrechamente relacionadas. Empatizar significa ver las cosas desde la perspectiva de otra persona. No quiere decir que tengas que estar de acuerdo pero entiendes su punto de vista. Esa empatía fortalece las relaciones y reduce los conflictos, pero resulta difícil entender de verdad a los demás sin una escucha activa.

Si bien la escucha activa es algo que se hace, para que la comunicación sea eficaz también es necesario que la otra persona sepa que se la está escuchando. Esta habilidad puede dividirse en señales verbales y no verbales que beneficiarán a ambas partes. Comencemos con la mejora de la escucha activa no verbal.

Escucha activa no verbal

- **Sonreír/Asentir:** Sonreír o asentir con la cabeza demuestran que estás de acuerdo o satisfecho con el mensaje. Pero si no estás de acuerdo, no frunzas el ceño ni muevas la cabeza, porque podrías disuadir al interlocutor y perderte información importante.

- **Contacto visual:** Demasiado contacto visual puede ser intimidante, pero evitarlo o mirar alrededor de la habitación demuestra desinterés. Céntrate en el interlocutor sin mirarle fijamente.

- **Postura:** Mira al interlocutor e inclínate ligeramente hacia él. Una ligera inclinación de la cabeza también indica escucha activa, ya que ayuda a oírle mejor.

- **Imitación:** La imitación de las expresiones faciales puede crear una mayor conexión, pero hay que tener cuidado de no burlarse. Sin embargo, no hay que concentrarse tanto en el reflejo como para perder de vista el mensaje.

- **Distracción:** Hay que evitar hábitos como jugar con el pelo o hacer girar el bolígrafo, ya que pueden indicar que no se está prestando atención al interlocutor.

- **Desapego:** Aprovecha los momentos de silencio para comprender mejor al interlocutor. Ten en cuenta si está lidiando con sus pensamientos u opiniones contradictorias, ya que esto puede ayudarte a moldear tu respuesta.

Escucha activa verbal

- **Reforzamiento positivo:** Palabras como "bien", "genial" y "sí" aumentan la confianza del interlocutor, pero utilízalas con moderación para evitar interrupciones.

- **Rellenos:** Utiliza sonidos como "umm", "ah" y "hmm" para mostrar interés sin desviar la atención.

- **Recuerda:** Nada hace que alguien se sienta escuchado como recordar detalles de su vida. Toma notas para recordar información importante para futuras conversaciones. Si recuerdas los puntos clave de la conversación, demostrarás que estás prestando atención.

- **Preguntas:** Formular preguntas importantes aclara los malentendidos y le demuestra al interlocutor que te interesa saber más.

- **Reflexión:** Si repites o parafraseas lo que ha dicho el interlocutor, le asegurarás que le escuchaste y le aclararás algunos detalles.

Ya hemos mencionado antes los peligros de hacer suposiciones; nuestro cerebro se dedica a formular una respuesta en lugar de concentrarse en el mensaje que se está dando. Existe otra suposición que también puede obstaculizar la escucha activa. Se trata de creer que el interlocutor está buscando nuestra opinión o consejo. En lugar de expresar inmediatamente nuestra opinión, hay que comprobar si ésa es la intención del interlocutor. Un simple " ¿Quieres saber lo que pienso?" demuestra empatía y comprensión, en vez de dar por sentado que conocemos todas las soluciones.

Las interrupciones matan la escucha activa. Esto demuestra desinterés y puede hacer sentir al interlocutor que no se le respeta. En algunas culturas, la interrupción es habitual, por lo que es importante tener en cuenta las diferencias culturales. Esto no significa que no nos presten atención; sencillamente, puede que su estilo de comunicación sea distinto.

¿Qué son las señales verbales?

Durante las conversaciones, las señales verbales son las palabras que nos indican que la persona que nos habla está esperando una respuesta o reacción. Este lenguaje hablado puede ser individual o colectivo. Por ejemplo, la gente sabe cuándo reírse de un chiste porque el remate ya está dicho. El que cuenta el chiste dice el remate y espera una respuesta, con suerte una carcajada.

En el aula, encontramos numerosos ejemplos de señales verbales. Cuando los educadores empiezan una frase con "¿Alguien sabe...?" o "¿Alguien puede decirme...?" es porque esperan (o al menos confían en) una respuesta.

Hay diversos tipos de señales verbales. Por un lado, tenemos las señales de contenido, que proporcionan al oyente mucho significado. Después están los estilos verbales. Los cuatro estilos básicos son el pasivo, el agresivo, el pasivo-agresivo o el siempre apreciado estilo asertivo. Analicemos brevemente estos estilos:

- **Pasivo:** Los comunicadores pasivos suelen tener dificultades para expresar sus sentimientos y evitan los conflictos. Se muestran indiferentes y les cuesta decir que no.

- **Agresivo:** El volumen será más alto y habrá más críticas y ataques. No tardarán en dar órdenes, pero no tanto en escuchar.

- **Pasivo-agresivo:** El estilo pasivo-agresivo provoca una sensación de impotencia y una acumulación de resentimiento. Las personas murmuran para sí o utilizan el lenguaje corporal para comunicarse. Podría parecer que cooperan, cuando en realidad hacen lo contrario.

- **Asertivo:** La comunicación es fluida y las personas pueden expresar sus deseos y necesidades, y equilibrarlos con los deseos y necesidades de los demás.

Existen otros dos estilos que conviene conocer con más detalle: las señales verbales directas e indirectas.

La belleza de las señales verbales directas

Las señales verbales directas apenas dejan lugar a interpretaciones erróneas. Son peticiones e indicaciones claras y precisas que indican lo que el que las escucha tiene que hacer o cómo debe responder. Estos son algunos ejemplos:

- "Abran sus libros de texto en la página 97." - Los alumnos saben que deben abrir sus libros y prepararse para aprender.

- "Quiero que dobles la ropa." - Un integrante de la familia entiende cuál es su responsabilidad.

- "Tienes que pagar la factura del teléfono antes de las cinco de la tarde de hoy" - Esto indica claramente qué factura hay que pagar y para cuándo.

- "Revisa siempre tus mensajes en cuanto llegues a tu escritorio" - Un empleado está al tanto de lo que se espera de él.

- "Cuando llegues a la puerta de embarque, prepara el pasaporte y la tarjeta de embarque" - Los pasajeros conocen el proceso y lo que deben hacer para embarcar en su avión.

Estas afirmaciones directas se entienden fácilmente, siempre que el oyente escuche activamente. Pero esto no significa que no puedan verse influidas por el tono de voz y el volumen. Hasta el énfasis en ciertas palabras denota importancia.

Piensa en la frase " Tienes que pagar la factura del teléfono antes de las cinco de la tarde de hoy". ¿Cómo interpretarías la frase cuando la palabra "tienes" está acentuada? Luego, la diferencia cuando se acentúa factura del teléfono o cinco de la tarde.

A medida que vayamos avanzando en los capítulos, comprenderemos mejor cómo nuestra voz puede ayudarnos a leer a las personas. Por ahora, analicemos las pistas verbales indirectas más sutiles.

Señales verbales indirectas y ejemplos

Cuando se utilizan indicios verbales indirectos, la expectativa no es tan obvia. La frase puede tener forma de indirecta o de pregunta. Puede existir ambigüedad. Con las indirectas, el oyente tiene más responsabilidad a la hora de dar la respuesta correcta, porque debe examinar minuciosamente la vaguedad del mensaje. Comenzaremos por "pagar la factura".

- "¿Vas a pagar la factura del teléfono antes de las cinco de la tarde?" - El oyente entiende que hay que pagar una factura a una hora determinada, pero le faltan instrucciones claras.

- "Elige un restaurante, pero intenta que no sea demasiado caro." - La opinión de la gente sobre lo caro puede variar.

- "Ya ordenaste tu habitación, ¿qué más tenías que hacer?" - El niño entiende que le falta algo, pero no sabe qué.

- "Asegúrate de organizar las facturas de forma lógica." – ¿Es lógica por fecha, por información del cliente o por el importe del pago?

- "Tienes que mejorar tus habilidades comunicativas" - Teniendo en cuenta el enorme alcance de las habilidades de comunicación, el oyente no sabría por dónde empezar.

Las señales verbales directas siempre se aprecian más. Al no tener que descifrar las indirectas, prestamos más atención a la lectura de las personas. Naturalmente, no puedes controlar la manera en que los demás utilizan las señales verbales, pero sí puedes asegurarte de que tus mensajes sean lo más claros posible y no den lugar a interpretaciones erróneas.

En la próxima sección vamos a ver cómo utilizar determinadas palabras para que tu interlocutor comprenda mejor el mensaje.

Cuestiones de énfasis vs. Cuestiones de organización vs. Cuestiones de modales

Podemos utilizar señales verbales para recalcar que algo importante está a punto de ser dicho o que el oyente necesita prestar más atención a algo que va a suceder. Al principio de una frase, estas señales atraen la atención del oyente hacia el mensaje:

- Necesitas saber

- Deberías tener en cuenta

- Es crucial entender
- Tienes que recordar
- Deberías recalcar
- Es necesario pensar en
- Esto es clave
- Escucha con atención
- Quiero hacer hincapié
- Déjame repetir/explicar
- Voy a dejar esto claro

La estructuración de un mensaje y las indicaciones organizativas que se dan hacen que el oyente pueda seguir mejor el orden o la secuencia. Además, es un recordatorio cordial de que el mensaje va a continuar. Las señales organizativas son especialmente útiles cuando el lector necesita relacionar ideas o información dentro de un mensaje. Por ejemplo:

- El tema de hoy es
- Vamos a debatir
- A modo de introducción
- En primer lugar
- En segundo, tercer lugar, etc.
- A continuación
- Luego
- Nuestros puntos principales son

- Los encabezados que discutiremos incluyen
- El resultado es
- En este orden
- En conclusión
- En resumen
- Recapitulemos/revisemos

Junto a las palabras propiamente dichas, existen otros modos de utilizarlas que ponen de relieve la importancia, la necesidad de prestar más atención o simplemente aclaran un mensaje. Es lo que llamamos "señales modales". Una de las señales más comunes es cuando un interlocutor repite una palabra o frase para resaltarla. Algunas personas deletrean las palabras, pero en el contexto equivocado esto podría considerarse condescendiente. Por ejemplo, un profesor puede deletrear la palabra "escuchen" a los alumnos más jóvenes, pero si lo hace un presidente ante un consejo de ministros, la reacción puede ser distinta.

Como hemos visto con las señales directas, el acento en una palabra puede cambiar la forma en la que se recibe un mensaje, aunque más solo sea ligeramente. Para acentuar una palabra o parte de una frase, el interlocutor puede disminuir la velocidad de ciertas palabras o pronunciarlas más alto.

Lo mismo ocurre cuando cambiamos el tono de voz. Imagínate la tarea que más odias, ya sea lavar los platos o limpiar a fondo la oficina. ¿Cómo te sientes cuando el mensaje de que limpies es monótono? Pronunciando el mensaje con un tono más alto y alegre, el interlocutor consigue entusiasmar al oyente.

Otros gestos pueden ser más sutiles. Así, en lugar de limitarnos a darle a alguien una lista o a leerla, podemos hacer una pausa al final de cada punto, indicando que hay tiempo para tomar notas. Se pueden hacer preguntas que no están destinadas a ser respondidas, preguntas retóricas. Si alguien te pregunta: "¿Qué hora es?", no quiere que respondas: " Ya es hora de comer". Lo que quiere decir con eso es que llegas tarde.

Otros ejemplos de señales verbales

Para entender mejor lo que la gente quiere decir, algunas palabras pueden cambiar la percepción del mensaje. Tomemos como ejemplo la palabra "otra" y estas dos frases.

- "Compré una casa nueva."

- "Compré otra casa."

En la primera oración, hay emoción, ya que una persona acaba de lograr un gran objetivo. En la segunda oración, el hablante quiere subrayar que no es su primera casa. Desea que el oyente sepa que tiene los medios económicos para poseer más de una casa y la palabra "otra" es una intención de potenciar su imagen.

Los pronombres también revelan mucho acerca del mensaje que queremos transmitir, hasta el punto de que James W. Pennebaker, psicólogo social y experto en lenguaje, fue capaz de escribir un libro entero sobre el tema. En *The Secret Life of Pronouns: What Our Words Say About Us* (La vida secreta de los pronombres: lo que nuestras palabras dicen de nosotros), Pennebaker hace hincapié en un estudio según el cual las personas que utilizan el pronombre "yo" con más frecuencia dan la impresión de ser más cálidas y honestas. Los que lo usan con menos frecuencia parecen más seguros de sí mismos.

Las palabras relacionadas con las acciones pueden revelar fragmentos de la personalidad de una persona. Usar las palabras "decidió" y "eligió" indican que alguien se tomó el tiempo de considerar varias opciones, valorando los pros y los contras antes de llegar a una conclusión. La afirmación sugiere que la persona no es impulsiva. Parece demasiado extremo para que haya tanta diferencia hasta que se comparan las dos afirmaciones.

- "Elegí el nuevo teléfono Samsung"
- "Me decidí por el nuevo teléfono Samsung."

Es sutil, pero la diferencia está ahí.

También tenemos señales verbales que pueden ser más habituales en distintas culturas o que dependen de la familiaridad. Escuchar la palabra "tranquilo" nos permite saber que estamos causando demasiada tensión. "En serio", según el tono, podría estar cuestionando los comentarios de otra persona o pidiendo confirmación.

El último ejemplo de señales verbales proviene de la película Notting Hill, ya que me encantan las diferencias culturales en lo que respecta a la comunicación y las señales. Cuando Hugh Grant está intentando subir la valla del parque y se resbala, dice: "Whoopsie daisies", y Julia Roberts comienza a burlarse de él. Esta expresión tan británica se suele utilizar cuando se comete un error o, más comúnmente, cuando un niño se cae.

Puede que te preguntes por qué son necesarias estas señales verbales para mejorar tu capacidad de leer a las personas, pero todo forma parte de una perspectiva más amplia. Para poder leer a alguien correctamente, no basta con fijarse en una parte de la comunicación, sino que hay que unir todas las piezas y solucionar las discrepancias, especialmente entre la comunicación verbal y la no verbal.

Repasemos estas señales verbales antes de continuar.

Directa: Frases específicas para lograr una respuesta o acción.

"Por favor, lavarse las manos antes de entrar".

Indirecta: Frases vagas que dejan al oyente intentando descifrar la respuesta adecuada.

"¿Por qué quieres trabajar en esta empresa?".

Énfasis: Advierte al oyente de que necesita atención.

" Lo principal que hay que recordar es... "

Organización: Informar al oyente de la existencia de un orden o relación entre las ideas.

"Después de tratar X, pasaremos a Y".

Señales verbales: Para proporcionar más aclaraciones, énfasis o ideas acerca de la personalidad.

Para terminar una conversación. "Bueno, fue un placer verte."

Aprovecha el tiempo de inactividad para identificar señales verbales

La próxima vez que veas un capítulo de tu serie favorita, intenta prestar más atención a las pistas verbales. ¿Puedes identificarlas ahora y saber para qué sirven?

Después de conocer el poder de las palabras para distinguir lo que la otra persona quiere decir, es el momento de prestar atención a lo que habla más alto que las palabras: las señales sociales. En los próximos capítulos aprenderás a detectar, captar y comprender los distintos tipos de señales no verbales.

CAPÍTULO CUATRO: PRIMERA PARTE: PROFUNDIZANDO EN LAS SEÑALES SOCIALES: EL ROSTRO

Aunque sabemos que no hay que juzgar un libro por la tapa, las primeras impresiones que tenemos de alguien son tan rápidas que no es fácil controlarlas. ¿Alguna vez te has preguntado cuánto tiempo tardamos en juzgar a alguien?

Un estudio, llevado a cabo por los psicólogos Janine Willis y Alexander Todorov, reveló que emitimos juicios acerca de una persona en apenas una décima de segundo. En ese breve periodo de tiempo, los participantes en el estudio fueron capaces de calificar con precisión los rasgos de una persona a partir de una foto (Wargo, 2006). La foto mostraba el rostro de diferentes personas. Antes de analizar qué partes del rostro proporcionan tanta información detallada, conviene comprender en qué consiste la comunicación no verbal.

Comunicación no verbal

La comunicación no verbal consiste en transmitir información sin necesidad de utilizar palabras (APA Dictionary of Psychology, s.f.). Estas señales sociales son intercambiadas por medio de nuestro lenguaje y expresiones corporales, pero con frecuencia pueden ser malinterpretadas o ignoradas por completo, provocando dificultades comunicativas.

Ser capaz de reconocer las señales sociales te ayudará con la lectura de las personas porque te da la oportunidad de entender los pensamientos o sentimientos de los demás. Quizá esto no parezca gran cosa, pero muchas veces una persona intenta ocultar sus pensamientos o sentimientos, o su mensaje verbal es contrario a lo que te están diciendo sus señales sociales. Estas señales te permiten conocer mejor el grado de compromiso de alguien. Existen distintos tipos de señales sociales que vamos a ver a lo largo de los siguientes capítulos. Los principales tipos de señales sociales que podemos encontrar son los siguientes:

El rostro y la expresión facial

Con frecuencia es lo primero que vemos y nos dice enseguida cómo se siente el otro, desde el miedo hasta la felicidad. Algunas de las expresiones faciales difieren de una cultura a otra, pero cuatro de las emociones primarias son universales. Entre ellas están la alegría, la tristeza, la rabia y el miedo.

Un pequeño cambio en nuestras expresiones faciales muestra al oyente un cambio de humor. Además, también tenemos microexpresiones, pequeños detalles en el rostro que no podemos controlar, por eso aprender a leer las microexpresiones nos permite leer mejor las verdaderas emociones de una persona. Aún antes de que escuchemos ninguna palabra, ya detectamos información simplemente mirando el rostro de la otra persona.

El lenguaje corporal

Aunque se presta mucha atención al rostro, esto puede hacer que pasemos por alto el resto del cuerpo. La postura, es decir, la forma en que mantenemos el cuerpo, puede reforzar o contrarrestar un mensaje verbal. El ángulo del cuerpo de una persona indica su nivel de compromiso.

Nuestras manos y los gestos que hacemos con ellas tienen mucho significado, y esto puede variar mucho según la cultura. Lo mismo puede decirse de las caricias. En algunas culturas son más físicos que en otras, e incluso la zona del cuerpo tocada tiene más significado.

Tono y timbre de voz

Cambiamos la voz dependiendo de las circunstancias, el estado de ánimo e incluso nuestra sensación de urgencia. Cuando queremos expresar importancia o urgencia, solemos hablar más rápido. Cuando nuestro tono es más fuerte, los demás perciben una sensación de aprobación o detectan cierto entusiasmo. Un tono de voz más elevado suele ser frecuente cuando hacemos una pregunta.

Cuando el tono de voz es más lento y uno o dos tonos más bajo, puede interpretarse como una falta de interés. Combinado con otras señales sociales, puede ser un indicio de falta de confianza. Cuando las personas son incapaces de detectar un tono sarcástico, es posible que se tomen una frase demasiado literalmente, tergiversando el significado global.

Proxémica

También se conoce como espacio personal o nuestros límites físicos. Hasta cierto punto, esto depende de cada individuo y, sobre todo, de la cultura. Hay culturas que son más cercanas por naturaleza; es más aceptable abrazar y besar a alguien nada más conocerse. Hasta se ponen más cerca en las conversaciones. Otras culturas están acostumbradas a ser más distantes y esto no implica que los niveles de interés no sean los mismos.

Incluso dos personas de la misma cultura y zona pueden tener preferencias en cuanto al espacio personal. Es posible que alguna vez hayas vivido ese momento incómodo en el que alguien va a abrazarte y tú intentas esquivarle. Veremos los límites físicos específicos más adelante.

Háptica

El tacto como forma de comunicación no verbal se denomina háptica y puede expresar simpatía, consuelo, familiaridad y muchas otras emociones. Si lo utilizamos correctamente, podemos expresar preocupación y es una forma de comunicación no verbal muy enriquecedora. No obstante, esto ocurre más en el caso de las mujeres.

Los hombres, y más aún los de alto estatus, suelen utilizar el tacto físico para invadir el espacio de otra persona con el objetivo de afirmar su poder sobre ella. Del mismo modo que cuando nos tocamos varias partes del rostro y del cuerpo, el uso del tacto y su localización requieren más detalles, que abordaremos más adelante.

Apariencia, vestimenta y objetos

Finalmente, nuestra comunicación no verbal también depende de la ropa que llevamos y de cómo nos presentamos. Por una parte, nuestra ropa puede indicar el nivel de respeto e interés que una persona tiene en un acontecimiento social. Si alguien se presenta a una reunión de negocios con unos vaqueros y una camiseta, no parecerá que se toma las cosas muy en serio.

Nuestra ropa, maquillaje, accesorios y peinado pueden ayudarnos con nuestra confianza. Además, las investigaciones sobre la psicología del color demuestran que los distintos colores pueden influir no solamente en nuestro estado de ánimo, sino también en el de los que nos rodean.

De momento, el objetivo es conseguir una comprensión básica de la comunicación no verbal y cada parte de este capítulo aclarará las señales sociales que se ponen en juego. Como el rostro es una de las primeras cosas en las que solemos fijarnos, comenzaremos por él.

Lectura de las expresiones faciales

Para ser capaz de leer los rostros, primero hay que saber entender las distintas microexpresiones. Las microexpresiones son expresiones faciales involuntarias que acompañan a una emoción y no pueden fingirse. Una microexpresión es tan rápida que puede durar entre medio segundo y cuatro segundos.

A continuación te ofrecemos algunos consejos para identificar y comprender las microexpresiones:

1. Conciencia de las emociones básicas: Familiarízate con las siete microexpresiones universales que corresponden a las emociones básicas: felicidad, tristeza, miedo, sorpresa, rabia, asco y desprecio. Cada emoción tiene indicadores faciales distintos.

2. Céntrate en las zonas faciales clave: Algunas zonas de la cara son más reveladoras que otras. Los ojos, las cejas y la boca son a menudo los que más revelan el estado emocional de una persona.

3. Practica con observaciones en tiempo real: Observa conversaciones sin sonido e intenta interpretar las emociones basándote únicamente en las señales faciales. Con el tiempo, mejorarás en la identificación de estas expresiones de fracciones de segundo.

4. Busca opiniones: Mantén conversaciones con amigos íntimos o familiares y pregúntales por su estado de ánimo en distintos momentos de la conversación.

¿Cómo leer bien estas microexpresiones? Además de prestar mucha atención por la rapidez, aquí tienes algunas señales:

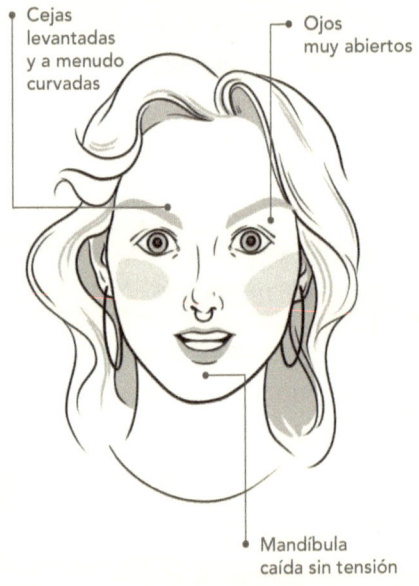

La microexpresión de sorpresa

Las cejas estarán muy levantadas y con frecuencia curvadas, con la piel superior tensa. Aparecerán arrugas en la frente. Los ojos estarán muy abiertos y con mucho blanco visible. La mandíbula cae, pero sin tensión. Otra versión de esta microexpresión es el destello de cejas, un rápido levantar y bajar de las cejas que es más común entre las personas que están más familiarizadas entre sí.

La microexpresión de miedo

Las cejas se levantan, pero no tanto como en la microexpresión de sorpresa. También habrán arrugas en la frente, pero más hacia el centro. Mientras que los ojos estarán muy abiertos, por lo que se podrá ver más el blanco superior. Se observará tensión en los labios.

ASCO

La microexpresión de asco

Los ojos se estrechan mientras que las cejas están bajas.

Cuando las mejillas se levantan y la nariz se tensa, es habitual ver líneas que unen cada lado de la nariz con la comisura de la boca.

A veces, se pueden ver los dientes superiores.

RABIA

- Cejas fruncidas
- Párpados abiertos
- Labios apretados
- Fosas nasales abiertas

La microexpresión de rabia

Las cejas están bajas y fruncidas, lo que causa líneas verticales entre ellas. Los ojos parecen rígidos y las fosas nasales están abiertas. Los labios están muy apretados, el inferior más tenso.

Las comisuras de los labios apuntan hacia abajo y si la mandíbula inferior sobresale ligeramente, la boca puede parecer cuadrada.

FELICIDAD

La microexpresión de felicidad

Las comisuras de los labios se estiran hacia atrás y hacia arriba, a veces los dientes son visibles y otras veces no.

Aparecerán líneas desde la nariz hasta la comisura de los labios. Las mejillas también estarán levantadas.

La forma de distinguir la felicidad auténtica de la falsa es buscar las patas de gallo alrededor de la parte exterior de los ojos.

TRISTEZA

La microexpresión de tristeza

Aunque es la microexpresión más duradera, resulta una de las más difíciles de detectar porque las alteraciones faciales son más pequeñas.

Las comisuras internas de las cejas se estiran ligeramente hacia dentro y hacia arriba.

La mandíbula se levanta y los labios hacen una mueca al bajar la comisura hacia abajo.

DESPRECIO

Un lado
de la boca levantado

La microexpresión de desprecio

El desprecio se manifiesta levantando un lado de la boca, y puede estar acompañado de la misma ceja ligeramente levantada. Es importante saber que ésta es la única microexpresión en la que la cara no es simétrica.

Por supuesto, existen más microexpresiones además de las esenciales, pero éstas son el mejor punto de partida. Las siguientes son algo más complejas y, una vez que es más fácil distinguirlas, se pueden detectar las más pequeñas diferencias.

Es posible que, aparte de las siete expresiones faciales universales anteriores, existan doce más:

- Entusiasmo: La mandíbula podría estar levantada con la cabeza ligeramente hacia atrás, y aparecerán patas de gallo alrededor de los ojos al tensarse los músculos, mientras que, alrededor de la boca, los músculos se relajarán y la boca se abrirá.

- Asombro: Los ojos están bien abiertos, combinados con las cejas ligeramente levantadas. La boca está relajada y abierta.

- Concentración: Aunque depende de la situación, las señales típicas incluyen una mirada fija o una mirada ligeramente hacia arriba o hacia un lado. Puede que haya menos parpadeo y que algunas personas se toquen la cabeza, se muerdan el labio o saquen un poco la lengua.

- Confusión: Puede notarse una ceja más levantada que la otra, pero es más probable que la confusión se manifieste en la nariz y la frente. Estas partes del rostro tienden a estar fruncidas o arrugadas.

- Alegría: La expresión facial es la misma que la de felicidad. La principal diferencia entre ambas emociones es que la felicidad es momentánea y la satisfacción es duradera, con una mayor sensación de paz.

- Deseo: La mirada de amor y lujuria puede ser muy interesante de entender. Cuando alguien mira tus rasgos faciales, indica un interés más romántico. Cuando la mirada se dirige a tu cuerpo, es lujuria.

- Decepción: La mirada puede parecer triste, incluso achinada, y la cabeza un poco más baja. Los labios de la persona pueden estar apretados y la respiración puede parecer deliberadamente más fuerte o exagerada.

- Duda: Una o las dos cejas pueden estar levantadas, lo que hace que la frente se arrugue. La cabeza puede estar inclinada con un lado de la boca ligeramente hacia un lado. Algunas personas se tocan o acarician el mentón.

- Euforia: Las pupilas brillan y los ojos aparecen abiertos con patas de gallo. Las comisuras de los labios estarán levantadas y a veces se mostrarán los dientes. Con frecuencia, la euforia va acompañada de risas o gritos de excitación.

- Interés: Una persona sonreirá de verdad, mantendrá el contacto visual y posiblemente se inclinará hacia ti. Emitirán sonidos para confirmar su atención, como "umm" y "oh sí".

- Dolor: Los ojos estarán apretados, incluso entrecerrados con las cejas bajas. La nariz puede arrugarse y el labio superior estará levantado. También puede notarse tensión en los labios.

- Triunfo: La mirada se mantiene fija y la cabeza se levanta ligeramente. Se aprecian indicios de sonrisa. Una de las diferencias entre la felicidad y el triunfo es que esta expresión suele ir acompañada de muestras de alivio al haber superado el reto.

Al analizar las expresiones faciales, podemos fijarnos individualmente en los ojos, la nariz y la boca. Si empezamos por arriba, los portales del alma tienen una importancia enorme.

Todo está en la mirada

En la escuela primaria, recuerdo que una chica de la fila de adelante se dio vuelta y miró a la de al lado. Era una mirada que solo ellas dos podían compartir y que era suficiente para entender exactamente lo que querían decir, sin necesidad de palabras ni gestos. Era una mirada de familiaridad y amor, pero de la forma más íntima y sutil.

Desde entonces, he visto la misma mirada muchas veces, pero aquel momento me enseñó que los ojos pueden decir mil palabras si tenemos la capacidad de leerlos.

Ojos que demuestran interés:

• Destello de cejas: No solo se utiliza para sorprender, sino que el destello de cejas desde cierta distancia puede despertar el interés de alguien, ya sea un interés sexual o un saludo "cool". Es señal de que alguien se alegra de verte.

• Guiño: Utilizado sobre todo para coquetear, el guiño también ayuda a aliviar la tensión en una habitación y puede ser una señal de tranquilidad entre amigos.

• Una ceja levantada: Junto con una sonrisa, esto sugiere sorpresa e interés. Con los brazos o las piernas cruzadas, puede implicar escepticismo y desconfianza.

• Dos cejas levantadas: Asimismo, las dos cejas levantadas podrían ser una señal de sorpresa, pero también pueden indicar que una persona está preocupada. Cuando se combinan señales verbales y no verbales, las cejas levantadas sirven para enfatizar la importancia de lo que se está diciendo.

• Parpadeo rápido: El pestañeo, sobre todo con la cabeza inclinada hacia abajo, es señal de coqueteo y excitación sexual. No te entusiasmes demasiado. Algunas personas parpadean rápidamente cuando les cuesta expresarse.

• Contacto visual prolongado: Es una señal de que le gustas a alguien. Un contacto visual prolongado libera dopamina y produce afecto mutuo.

• Dilatación de las pupilas: Es una buena señal de que alguien está mirando algo que le gusta.

Significado de la dirección de la mirada:

- Izquierda o derecha: Mirar de reojo puede ser expresión de duda, sospecha o desprecio. Una mirada de reojo apunta a la sospecha, pero es más probable que sea un signo de interés, concretamente sexual. Las investigaciones actuales demuestran que mirar a la izquierda no es necesariamente una señal de estar mintiendo.

- Mirar hacia abajo: Puede ser una forma de reforzar un vínculo cuando la persona es más alta y muestra otras señales abiertas no verbales. Otras personas que miran hacia abajo podrían sentirse inseguras o simplemente dedicar un momento para pensar.

- Mirar hacia arriba: Una bonita y sencilla señal que indica que alguien está reflexionando. También es un gesto habitual cuando miramos al cielo esperando una respuesta de un poder superior.

- Mirada de reojo: ¡Qué complicado! Una mirada de reojo puede ser literalmente una llamada de atención en una dirección concreta. Cuidado con una mirada de reojo con la cabeza inclinada o un movimiento de los ojos porque la persona podría estar diciéndote que te está escuchando pero que todavía no te cree.

- Mirada al reloj: Es una señal bastante literal de que el tiempo se está terminando. No te ofendas demasiado. En algunos casos, la persona está aburrida; en otros, puede estar realmente ocupada.

Movimientos oculares que acompañan el bloqueo corporal:

- Párpados cerrados: Piensa en cuando te tapas instintivamente los oídos al escuchar malas noticias. Al mismo tiempo, cerrarás los ojos. Es un signo de incredulidad, pero en los casos extremadamente emocionales, la gente puede estar tratando de ocultar la información más sensible.

- Frotarse los párpados: Esta suele ser una acción autocalmante que puede estimular el nervio vago. Una persona que se frota los párpados busca liberarse del estrés, ya sea por cansancio o porque se siente abrumada.

- Cierre lento de los párpados: Piensa en tus padres. Es posible que recuerdes esta acción cuando estaban decepcionados o disgustados.

- Incremento del parpadeo: No es un parpadeo rápido, pero es superior a la línea de referencia; considéralo como una señal de que alguien está intentando bajar las persianas, suavemente. No hay demasiado interés en lo que se dice o lo que se dice es totalmente inverosímil.

- Tics en los párpados: Por lo general, es una señal de que el sistema nervioso está sobrecargado. Tú o la persona con la que hablas están agobiados por el estrés.

- Frotarse el entrecejo: Las personas se tocan esta parte carnosa de la piel del entrecejo cuando están estresadas y, a veces, cuando están agotadas y necesitan un descanso.

Ojos tristes y enojados

- Esta es una señal de dominación, pero si la caída es corta, puede ser que la persona no te crea. Cuando las cejas bajan mucho, puede significar debilidad o inseguridad.

- Llanto: Parece obvio, pero hay que tener cuidado con el llanto falso. La ausencia de lágrimas, tocarse la nariz y tragar saliva son señales de que las emociones no son reales.

- Mirada furiosa: La mirada fija y larga apenas parpadea. La cabeza puede estar ligeramente inclinada hacia abajo y las cejas bajas.

• Movimiento lento de los ojos: Cuanto más cansada está una persona, más lentamente se moverán sus ojos.

• Ojos en blanco: Una mirada en blanco puede ser anterior a las señales de enojo. Podría haber un desacuerdo, un conflicto o una actitud de "me da igual".

Señales del miedo:

• Ojos muy abiertos: Si bien esta podría ser una señal de sorpresa, se relaciona más con el temor. Cuando los ojos se abren de par en par, nuestra periferia visual aumenta para que podamos percibir más el peligro.

• Contracción de pupilas: Cuando las pupilas se contraen, nuestra visión se focaliza y las imágenes son más nítidas, lo que también nos ayuda a detectar las señales de peligro.

• Arqueo de las cejas: Las cejas arqueadas, durante más tiempo que un flash, indican una sorpresa no deseada.

Otras señales visuales:

• Ojos vidriosos: La mirada ausente indica falta de interés y posible aburrimiento. Por el contrario, puede que sea cansancio o que alguien esté inmerso en sus pensamientos.

• Entrecerrar los ojos: Si una persona entrecierra los ojos mientras le hablas, es conveniente que le des más explicaciones. Probablemente está intentando procesar la información y puede que no te crea. Con los párpados bajos, quizás la persona está a punto de enojarse.

• Mirar hacia otro lado: Las personas seguras miran hacia cualquier dirección; alguien que mira hacia otro lado podría ser tímido. Con los hombros caídos y el mentón bajo, esta señal podría interpretarse como debilidad.

- Ojos saltones: Cuando el cerebro busca un escape, los ojos se desvían. Una persona puede estar procesando información negativa o sentir dudas, ansiedad o miedo.

- Anteojos: Con frecuencia, se consideran un signo de inteligencia y pueden hacer que una persona parezca más atractiva. Igual que el maquillaje, enfocan más la mirada.

Es increíble cómo puedes controlar hacia dónde mira la gente. Si tienes un objeto en la mano, como un bolígrafo, mantenlo a la altura de la cabeza. Cuando la persona se fije en el bolígrafo, levántalo y observa cómo sus ojos lo siguen. Lo mismo pasa con los movimientos de izquierda a derecha. Esto es muy útil porque puedes hacer que la gente observe cosas que son importantes.

Si tenemos en cuenta lo valiosos que son nuestros ojos en la comunicación no verbal, es lógico que los cuides y los revises con regularidad. Y lo que es más importante, estos te pueden decir mucho sobre tu salud. Por ejemplo, el color amarillento del blanco de los ojos puede deberse a la ictericia y el cristalino nublado a las cataratas.

Otros problemas de salud incluyen puntos de sangre en el ojo que podrían ser un signo de diabetes. Un anillo gris alrededor de la córnea externa podría sugerir colesterol alto y la presencia de vasos sanguíneos finos puede deberse a la hipertensión. Los síntomas de algunos tipos de cáncer pueden aparecer primero en los ojos.

No te olvides de prestar atención a las cejas. Normalmente, la sorpresa viene con las cejas levantadas o arqueadas. La posición neutra indica felicidad, pero cuando las cejas bajan es porque la persona está triste. Cuando las cejas están tensas y juntas, puede tratarse de una señal de alarma de que la persona está enojada.

Quizá pienses que la nariz no puede revelar demasiados detalles. Siendo realistas, salvo las arrugas, no hay mucho movimiento, por lo que es necesario prestar atención a la forma en la que nos tocamos la nariz.

La nariz sí sabe

Según se calcula, ¡nuestra nariz es capaz de captar un billón de aromas diferentes! Los aromas pueden cambiar nuestro estado de ánimo e incidir en nuestras interacciones.

Cada uno de nosotros tiene un aroma individual que puede cambiar cuando sentimos miedo o estrés. Aunque no vamos por ahí oliendo a la gente, nuestra nariz tiene el poder de darnos información.

- Tocarse la nariz: Tocarse, frotarse o rascarse sugieren inseguridad, estrés o ansiedad. Si alguien se aparta para tocarse la nariz, puede estar tenso.

- Rozarse la nariz: Un leve roce con el dedo índice, incluso en varias ocasiones, indica malestar psicológico o que alguien tiene dudas sobre algo.

- Taparse la nariz: Cuando ambas manos cubren la nariz, se debe a sorpresa, shock, miedo o en respuesta ante una tragedia.

- Pellizcarse el puente: Esto puede indicar que alguien está sumido en sus pensamientos, que se siente triste o que algo le está frustrando.

- La pirámide nasal: Aquí, se coloca un dedo índice a cada lado de la nariz, otra señal de estrés y comúnmente vista cuando las personas trabajan en sus escritorios.

- Fruncir la nariz: Normalmente, la nariz se arruga cuando olemos algo desagradable. Sin embargo, si la nariz se arruga y la boca se abre para mostrar los dientes, esta persona puede estar sintiendo tanto asco como enojo.

- Inhalar profundamente por la nariz: Es la forma que tiene el cuerpo de prepararnos para comunicar malas noticias.

Unos centímetros más abajo, la boca nos revela una sonrisa, incredulidad, coqueteo e incluso manipulación.

Mensajes provenientes de los labios

La más genuina y universal de las sonrisas es la llamada sonrisa de Duchenne, que se reconoce por las patas de gallo que la acompañan. Cuando alguien te dedica una media sonrisa, es porque está intentando salirse con la suya. Pero esa sonrisa ligera y sutil con contacto visual es una señal de seducción. La sonrisa con los labios cerrados puede ser simplemente porque a alguien le dan vergüenza sus dientes, pero si observas que tiene los labios fruncidos y las comisuras hacia atrás, es posible que esté intentando disimular su enojo con felicidad.

No solamente la sonrisa delata nuestras emociones. Aquí tienes otras señales a las que debes prestar atención:

- Labios apretados: Los labios apretados o la succión indican estrés y, posiblemente, que la persona está intentando controlar sus expresiones faciales y sus emociones.

- Encogimiento de hombros: Una sonrisa breve y ladeada implica que una persona no tiene nada que decir sobre el tema o que no es relevante para ella, sobre todo cuando se combina con un encogimiento de hombros. En ciertos contextos, es una señal de valentía y humildad.

• Sonrisa ladeada: Esta persona no es feliz, está enojada o se siente decaída o triste.

• Morderse los labios: Si es el labio superior, es señal de ansiedad. Si es el labio inferior, es un jugueteo sexual.

• Hacer pucheros: Hay que tener cuidado con esta señal potencialmente manipuladora, ya que se utiliza cuando la gente no se sale con la suya.

• Separar los labios: Se trata de una excelente señal a tener en cuenta porque indica que alguien está dispuesto a hablar.

• Sacar la lengua: La mayoría de las veces, este es un gesto juguetón cuando va acompañando de una leve sonrisa. Con frecuencia los niños aprietan la nariz mientras sacan la lengua para expresar desagrado. Cuando la lengua se saca hacia un lado, es señal de que alguien se está concentrando.

• Lengua afuera: La boca está abierta y la lengua se mueve de un lado a otro. En algunos casos tiene un efecto tranquilizador y en otros es señal de que alguien está pensando antes de hablar.

• Tocarse los labios: Las yemas de los dedos en los labios son señal de seducción, mientras que si el dedo está en el surco nasolabial (la piel por encima del labio) sugiere que se trata de una persona ansiosa, tímida o poco segura de sí misma.

• Llevarse objetos a la boca: Estos objetos nos proporcionan comodidad y seguridad, así que suele ocurrir cuando las personas están nerviosas o estresadas.

• Rechinar los dientes: Algunos rechinan y otros pueden apretar los dientes, pero esto suele ser una señal de nervios o estrés. Lamerse los labios con frecuencia es otro signo y puede acompañar al rechinar/apretar los dientes.

- Taparse la boca: Aunque esto podría ser una señal de conmoción o de sorpresa, de nuevo, presta atención a los indicios porque la persona podría estar intentando ocultarte algo.

Finalmente, hay que prestar atención a las gesticulaciones respiratorias. La mayoría de las personas respiran por la nariz, así que cuando se inspira aire por la boca, se trata de un comportamiento deliberado. Los pequeños jadeos de aire pueden ser debidos a la frustración o al dolor. Pero cuando esa bocanada de aire es mayor, mucha gente se sobresalta. Una exhalación catártica, cuando las mejillas están llenas de aire y los labios apretados, es señal de que el estrés ya pasó.

¿Sabes reconocer una sonrisa auténtica?

No se debe dar por sentado que una sonrisa exageradamente falsa es fácil de detectar. Hay cuarenta y tres músculos implicados en la sonrisa y solo el más sutil de los movimientos puede cambiar el mensaje detrás de ella. Además, de los diecinueve tipos diferentes de sonrisas, solo seis se producen cuando estamos disfrutando (Gorvett, 2017). Estos son algunos de los tipos de sonrisa más comunes.

Sonrisa de Duchenne

Es la sonrisa más genuina que conocemos y en ella intervienen muchos rasgos faciales, de modo que todo el rostro parece iluminarse. Los músculos que rodean las comisuras de los labios se levantan, pero también se tensan los músculos que rodean los ojos, creando las patas de gallo en las comisuras exteriores. Esto eleva las mejillas.

Esta sonrisa te hace parecer más auténtico, amable y digno de confianza.

Sonrisa de recompensa

En las interacciones en las que surgen sentimientos y/o comportamientos positivos, los músculos de la boca, las mejillas, los ojos y las cejas se activan, lo que produce la liberación de dopamina, nuestra sustancia química de recompensa en el cerebro. El comportamiento de la persona que brinda o que recibe se ve reforzado.

Sonrisa social

Empecemos con una de las sonrisas que se consideran no agradables. Es el tipo de sonrisa que le dedicarías a alguien cuando pasas junto a él por la calle. No dejan de ser amistosas, pero puede que sean un poco tensas y no se apreciará la misma actividad en los músculos oculares que en las anteriores.

Sonrisa de dominación

Las personas pueden utilizar este tipo de sonrisa cuando quieren mostrar su estatus o confianza. También puede utilizarse de forma condescendiente o fanfarrona y también verse como una amenaza no verbal. Es similar a la sonrisa de Duchenne, pero los labios estarán asimétricos. Otras manifestaciones incluyen una curvatura de labios o un levantamiento de cejas.

Sonrisa embarazosa

Los momentos en los que te avergüenzas de ti mismo pueden ir acompañados de una sonrisa con los labios apretados. Son más fáciles de detectar si la cabeza está inclinada hacia abajo y la mirada desviada, con cierta incomodidad. Puede que también haya algún roce en la cara.

Sonrisa amable

Como la sonrisa social, ésta no tiene por qué ser falsa, pero no entraña la misma calidez y estímulo emocional que la sonrisa de Duchenne o la sonrisa de recompensa. La sonrisa amable se percibe en la boca pero no en los ojos, y se emplea en situaciones en las que se requiere una expresión agradable pero se quiere mantener cierta distancia.

Sonrisa calificativa

En la sonrisa calificativa también se utilizan los músculos que rodean la boca, pero no los ojos.

La diferencia entre la sonrisa amable y este tipo de sonrisa es que se emplea cuando se critica o se dan malas noticias.

Como la sonrisa a menudo se hace con la cabeza inclinada hacia abajo o hacia un lado, podría parecer una sonrisa que da señales contradictorias, e incluso una expresión condescendiente.

Sonrisas Pan Am

Seguramente por el nombre te imaginarás que esta sonrisa proviene de las azafatas que encabezan las sonrisas forzadas de atención al cliente.

Podrás ver la tensión en la boca con las comisuras de los labios demasiado altas. Si te fijas mejor, el lado izquierdo estará ligeramente más alto.

Los dientes también están expuestos.

Sonrisa falsa

Podría ser una de las sonrisas más difíciles de detectar porque en ella se utilizan los mismos músculos que en la sonrisa de Duchenne.

La clave está en buscar pequeños gestos agrupados que se asocien con disgusto, tristeza o miedo.

Sonrisa de coqueteo

Es una sonrisa muy agradable de recibir, la sonrisa de coqueteo es más leve porque una sonrisa de Duchenne completa es demasiado. Se combina con la cabeza girada hacia un lado y el mentón ligeramente inclinado hacia abajo. En ocasiones, se levanta una ceja de forma sugerente.

Sonrisa nostálgica

Este tipo de sonrisa se reserva para los momentos en los que miramos hacia el pasado con añoranza o pesar, y la emoción suele reflejarse en los ojos. Normalmente, aparece cuando estamos tristes, afligidos o incluso doloridos. Además de los ojos, hay que buscar los labios hacia arriba y la boca cerrada.

Partiendo del reflejo en el espejo

No tiene sentido leer estas señales y esperar a la próxima interacción para intentar identificar el tipo de sonrisa. Nuestros cerebros están demasiado llenos y solemos olvidarlo. En lugar de eso, toma un espejo y piensa en los siguientes enunciados y en la emoción que generan al mirarte en él. Repasa este capítulo y comprueba las acciones musculares para reforzar tu aprendizaje.

Empieza con el rostro relajado para tener una idea de tu línea de referencia.

- Piensa en la última vez que lo pasaste muy bien con un amigo o familiar

- Imagina la escena de tu película romántica favorita
- Alguien acaba de cortarte el paso en la autopista
- Piensa en uno de tus miedos más espeluznantes... ¡está en el suelo junto a tus pies!
- El volumen del televisor se dispara cuando lo enciendes
- Alguien acaba de soltar el peor chiste sexista
- Hueles esa comida que te revuelve el estómago

Mientras más practiques el reconocimiento de tus propias expresiones faciales y esos cambios sutiles alrededor de la boca, la nariz, los ojos y las cejas, más rápido percibirás lo que los demás te dicen a través de sus expresiones faciales. Esta habilidad te facilitará la observación de todo el cuerpo para detectar e interpretar el lenguaje corporal en las interacciones y situaciones cotidianas.

CAPÍTULO CUATRO: SEGUNDA PARTE: PROFUNDIZANDO EN LAS SEÑALES SOCIALES: EL CUERPO

A la mayoría nos ha pasado el observar un repentino cambio en la actitud o el comportamiento de alguien. Quizás hablaste con tu pareja treinta minutos antes y todo iba bien, pero cuando entras por la puerta, las bolsas están tiradas por el suelo, y se suponía que "estaban bien". ¿Echas marcha atrás y le dejas espacio o indagas más y te arriesgas a que te arranquen la cabeza?

Nuestro lenguaje corporal puede volverse en nuestra contra si no somos plenamente conscientes de las señales sociales que transmite. Un compañero de la oficina puede considerar que es muy querido, pero otros lo consideran intimidante y demasiado intenso. Esto puede sorprenderle porque pensaba que ese apretón de manos tan firme era su forma de mostrar entusiasmo. Como este compañero era incapaz de leer a los demás, no se habría dado cuenta de las señales de incomodidad cuando movía demasiado fuerte la mano.

¿Alguna vez has ido a una fiesta o a una reunión social en la que tenías muchas ganas de entrar y mezclarte, ser el que puede hablar con cualquiera, pero tu torpeza te hacía parecer distante, incluso antisocial?

Aunque ya domines las señales sociales del rostro, ahora tienes que descubrir cómo conseguir que tu cuerpo envíe el mismo mensaje que tus expresiones faciales. Es más, percibir los movimientos corporales de los demás puede ayudarte a determinar cómo manejar las situaciones para obtener los mejores resultados.

Gestos con las manos

Empezaremos por algunos de los gestos más obvios, que requieren más cuidado cuando se trata con personas de países y culturas diferentes. La V surgió como señal de victoria durante la Segunda Guerra Mundial y ahora se considera un símbolo de paz. Cuando se gira la mano, en España se puede estar señalando el número dos, pero en EE.UU. y los países de la Commonwealth es tan grave como darle a alguien el dedo del medio.

Algo similar ocurre con el gesto de "ok". Cuando nos tocamos el pulgar y el índice formando un círculo, con frecuencia es señal de que todo va bien. A no ser que te encuentres en algunas partes de Europa, en las que es señal de que no eres nada o de que no vales nada, o en Sudamérica, donde el mismo gesto es vulgar.

El pulgar hacia arriba y el pulgar hacia abajo se suelen considerar signos de aprobación o desaprobación. En Italia, Grecia, Irán e Irak, levantar el pulgar sería un insulto.

Los gestos con las manos difieren tanto de una cultura a otra que conviene no utilizarlos a menos que estés seguro al cien por cien de conocer a tu público y de que no vas a ofender a nadie. Por otra parte, procura no ofenderte si alguien utiliza un gesto inapropiado de la mano sin analizar previamente el ambiente para detectar diferencias culturales.

• Apretar los puños: Es una señal de enojo o tensión. Si se combina con una respiración profunda, puede indicar que la persona está intentando calmarse.

• Apertura: Las manos miran hacia arriba y forman un ángulo de cuarenta y cinco grados. Imagínate que estás literalmente poniendo algo sobre la mesa. También sugiere inocencia.

• El campanario bajo: También conocido como las manos de Angela Merkel, este gesto muestra que alguien está escuchando con confianza.

• La escalera de básquetbol: Las palmas de las manos están enfrentadas, los pulgares apuntan hacia arriba y entre las manos hay espacio suficiente para una pelota de básquetbol. Se trata de un buen gesto para poner a la gente de tu lado.

• Agarre de cabeza: Las dos manos se encuentran detrás de la cabeza con los codos hacia fuera. Es una muestra de dominio, importancia y confianza.

• La mano monedero: Todas las yemas de los dedos de una mano se tocan, la palma mira hacia arriba y la mano se mueve hacia arriba y hacia abajo, generalmente la acción hacia abajo se produce con palabras clave para expresar algo bueno. El significado varía según las culturas. En España significa mucho de algo, en Malta se usa con sarcasmo y en Francia y Bélgica significa miedo.

• Manos por detrás de la espalda: Se trata de una postura autoritaria que se observa a menudo en las fuerzas del orden.

Si además se infla el pecho, esta persona se siente muy segura de sí misma.

- Esconder las manos: Puede indicar que una persona intenta esconder algo, ya sea detrás de la espalda, en los bolsillos o escondidas en el regazo. Busca pistas aquí porque las manos en los bolsillos también podrían ser un signo de desinterés.

- Pulgares ocultos: La mayoría de las veces, este es un signo de baja confianza en uno mismo o de que una persona se siente amenazada.

- Mover los dedos: Puede tratarse de una persona entrelazando los dedos o escarbándose las cutículas. Generalmente, la persona se siente presionada, incómoda o estresada, y estas son acciones que la tranquilizan.

- El gesto provocador: Todos sabemos cómo utilizar las manos para atraer a alguien hacia nosotros, pero si el brazo está estirado, la mano está firme al abrirse y cerrarse, y la mirada es directa, esa persona podría estar provocándote.

- Mano en el brazo: Tocar, sujetar o masajear el brazo denota duda, inseguridad, estrés y/o ansiedad. En algunos casos, las personas se tocan el cuello.

- Frotarse el pecho: Este gesto puede ser señal de que alguien está preocupado o le falta confianza.

- Mano plana: Una mano plana con la palma hacia abajo es una señal clara de que alguien debe escuchar. Hay que tener cuidado con quién se utiliza, porque puede parecer que se están dando órdenes.

- Manos sobre la mesa: Las manos relajadas indican que la persona está cómoda, pero si ves que los dedos presionan la mesa, es síntoma de que está mintiendo. Bastará con abrir los dedos para parecer más auténtico.

- Sentarse sobre las manos: Es un signo de timidez y un gesto de aislamiento. Intenta mantener las manos abiertas y, desde luego, no en los bolsillos.

Los apretones de manos constituyen un tema interesante, ya que existen dos extremos y variaciones intermedias. Por una parte, está el apretón de manos conocido como el pez muerto. No existe agarre, ni energía, y apenas se da un apretón, que suele asociarse con una baja autoestima.

Cuando alguien te estrecha los dedos en lugar de toda la mano, puede querer mantener distancia. Un apretón de manos breve que parece rozarse con demasiada rapidez implica que te estás imponiendo a la otra persona, quizás en el espacio o en el tiempo.

Por otro lado, algunos apretones de manos son simplemente excesivos. Alguien que quiere mostrar su dominio puede tratar de empujarte en una dirección con su apretón de manos. Del mismo modo, si en el apretón de manos parece que alguien está tratando de aplastarte los huesos, es que esa persona está tratando de intimidarte. La mayoría de los apretones de manos son verticales. Cuando alguien da la vuelta a la mano para que quede horizontal a la tuya es porque se siente superior.

Si quieres perfeccionar tu apretón de manos, empieza por asegurarte de que no tienes las palmas sucias o sudadas. Toma toda la mano en tu apretón sin que los dedos sobrepasen la muñeca. Como regla general, el apretón de manos debe durar de dos a tres segundos y no más que la presentación. Combina el apretón de manos con otras señales sociales positivas, como una sonrisa cálida y el contacto visual.

Desde la pandemia, no todo el mundo ha vuelto a la práctica del apretón de manos.

No deberías sentirte obligado a dar la mano ni ofendido si alguien no se siente cómodo estrechando la tuya. Aún es posible que la gente utilice otras partes del cuerpo para saludar, como los codos.

Esto nos lleva a la forma de comunicarnos con los brazos y las piernas.

El lenguaje de las extremidades

Hace años, recuerdo haber asistido a una conferencia en la que el ponente era muy activo con los brazos, hasta tal punto que no pude evitar distraerme con sus movimientos similares a los de un pulpo.

Los brazos, los hombros y, especialmente, las piernas suelen pasarse por alto cuando se trata de leer el lenguaje corporal, sin embargo, pueden revelar mucha información acerca de cómo se siente una persona y lo que está tratando de decirte, desde un interés lúdico hasta el alivio del estrés.

Analicemos estas partes del cuerpo por separado.

Brazos

- Brazos cruzados: Al contrario de lo que se cree, los brazos cruzados no siempre implican algo negativo. Podrían ser una señal de comodidad o concentración. Quienes critican tienden a cruzar los brazos, lo que podría ser una señal de actitud defensiva, enojo y ansiedad. Cuando cruces los brazos, trata de no mantener la parte superior pegada al cuerpo.

- Cruzar los brazos disimuladamente: Esto puede incluir una acción como juguetear con un reloj en el otro brazo o sostener un objeto con los brazos cruzados. Puede ser indicio de que alguien está nervioso.

• Un brazo cruzado: Es como un medio abrazo que te ofrece cierta seguridad en momentos en los que te sientes nervioso. También puede demostrar que alguien está a la defensiva, especialmente cuando se combina con gestos con el brazo y una mano.

• Brazos muertos: Los brazos están pegados a tu costado, ya sea porque no estás seguro de qué hacer con ellos o porque estás nervioso o ansioso.

• Brazos abiertos: Por el espacio que ocupan los brazos, se trata de un gesto dominante. Cuanto más acalorada sea una discusión, más abiertos estarán los brazos.

• Brazos victoriosos: De nuevo, los brazos están abiertos, pero la cabeza está normalmente inclinada hacia arriba y la expresión facial indica éxito. La pose es muy segura.

• Balanceo de brazos: Cuando balanceas los brazos puede significar confianza o que te sientes jovial y entusiasmado.

• Caricatura de la felicidad: Los brazos están pegados al cuerpo, pero las palmas están planas y apuntan hacia abajo. La gente hace esto cuando está muy contenta pero intenta disimularlo.

• Axilas: Las axilas expuestas son un signo de confianza, pero si cruzas los brazos y colocas las manos apretadas bajo las axilas, la conversación podría estar estresándote o avergonzándote.

• El microtoque: Los microtoques, como un ligero roce en el brazo o una breve caricia en el hombro, son maneras de estimar el nivel de interés de la otra persona.

Tus hombros

- La caída de hombro: Bajar y subir un hombro es un movimiento de flirteo y jugueteo que suelen hacer las mujeres.

- Hombros hacia atrás: La voz insistente de tus padres diciéndote que te sentaras derecho no era solo por tu postura. Los hombros hacia atrás y la cabeza recta indican una postura fuerte y segura.

- Girar los hombros: Si observas que alguien mueve los hombros hacia atrás, puede que acabe de tomar una decisión. También puede tratarse de un gesto que indica competitividad antes de un desafío, aunque se trate de una pelea. Naturalmente, esto también puede ocurrir si alguien tiene los hombros rígidos.

- Hombros elevados: La elevación leve de los hombros ocurre con una risa genuina.

- Encoger los hombros: Es una auténtica señal de que una persona no sabe.

- Encogimiento de hombros prolongado: Diremos más largo, pero normalmente solo dura unos segundos. Es una señal de que una persona no entiende.

- Medio encogimiento de hombros: Es una buena forma de expresar un mensaje verbal que no concuerda con la señal. Puede que alguien diga algo pero con un encogimiento de hombros, no se está comprometiendo con sus palabras.

- Hombros que miran hacia otro lado: Esta persona está desinteresada y, además, si gira el torso, podría estar buscando una salida.

- Frotarse los hombros: Es una forma de automasaje que podría ayudar a liberar el estrés y la tensión.

- Hombros encorvados: Esto lo vemos mucho hoy en día por el uso excesivo del teléfono móvil. No obstante, el hecho de bajar la mirada hacia el teléfono también podría indicar un sentimiento de vulnerabilidad, intentar ocultar algo o depresión.

Piernas

- Piernas paralelas, sentado: Se puede cruzar o descruzar las piernas, pero las rodillas caen hacia un lado revelando el músculo de la pantorrilla. Es más habitual en las mujeres y transmite un fuerte atractivo sexual.

- Balanceo de piernas: Generalmente se asocia con los niños juguetones, pero cuando los adultos balancean las piernas, es una fuerte señal de felicidad.

- Manspreading: Es una señal territorial de los hombres que muestra confianza y dominio. Es una pose típica para ocasiones informales, pero se debe mantener alejada del lugar de trabajo.

- Percha sentada: Si una persona se inclina hacia delante y coloca una mano sobre la pierna, está preparada para levantarse e irse o pasar a la acción. Puede utilizarse para decirle a alguien que la conversación ha finalizado sin parecer grosero.

- Meter la pierna: Tener una pierna metida por debajo del muslo es sinónimo de comodidad (para quienes son flexibles). Si las rodillas apuntan en tu dirección, significa que la persona está interesada en lo que estás diciendo.

- Piernas cruzadas: Al igual que los brazos cruzados, existen diferentes significados, desde comodidad y química hasta amenazas, desagrado y una señal para marcharse. Es muy importante leer otras señales corporales para descifrar lo que significan las piernas cruzadas.

- La figura 4: Uno de los tobillos se apoya en una rodilla mientras que la rodilla elevada cae hacia afuera. Es una de las posturas más dominantes para sentarse que también puede indicar que alguien se siente desafiante o competitivo, sobre todo cuando la persona se sostiene el tobillo.

- Postura de batalla: Con los pies separados a la anchura de los hombros, la persona ocupa más espacio y, por lo tanto, puede parecer dominante. También puede indicar que alguien está literalmente a punto de entablar una batalla. En ocasiones formales, las piernas estarán más juntas.

- Manos entre las piernas: Ocultar las manos entre las piernas puede ser señal de inseguridad, falta de confianza o incomodidad. Cuando alguien mueve las manos entre las piernas al entrar alguien en la habitación, es señal inequívoca de que se siente dominado por esa persona. Sin embargo, cuando las manos están en una posición erguida, significa que la persona se siente segura de sí misma.

- Piernas temblorosas: Puede que alguien esté nervioso, aburrido o que tenga un exceso de energía. Por otra parte, algunas personas sacuden las piernas para entrar en calor o liberar tensiones.

- Pasarse las manos por las piernas: Ante los nervios, hay personas que se pasan las manos por las piernas para eliminar el sudor o para tranquilizarse.

- Tocarse las piernas: Tanto si es estirándose, hurgándose, frotándose o jugueteando con la ropa, es normalmente una señal de malestar.

- Rascarse los tobillos: Entre todas las partes del cuerpo, rascarse los tobillos es lo que produce más placer (excepto cuando se tiene una picazón específica). Al rascarte los tobillos puedes aliviar el estrés.

- Cruzar los tobillos: Suele ser un signo de ansiedad o estrés y cuanto más cerrados estén los tobillos, mayores serán los niveles de ansiedad. Sin embargo, quienes llevan falda pueden sentarse a menudo en esta posición, pero no durante largos periodos de tiempo, por lo que si no cambian de postura en un tiempo, podría tratarse de ansiedad.

Resulta bastante normal que la información te desborde y que prestes demasiada atención a estas partes del cuerpo. Si bien es bueno prestar atención, no es conveniente fijarse demasiado en las extremidades. Por un lado, puedes parecer un tanto extraño si te quedas mirando las piernas de alguien y, por otro, te arriesgas a no ver los grupos.

Cuando se trata de las extremidades, los grupos son más importantes porque, a veces, nuestros gestos son simplemente una cuestión de comodidad. Si tienes frío, lo natural es cruzar los brazos, colocarlos encima del regazo o incluso sentarte sobre las manos. Esto no necesariamente implica que estés ocultando algo o que te cierres a los demás. Encogerse de hombros puede ser un modo de liberar tensiones después de pasar demasiado tiempo en el escritorio.

De todas formas, tendrás ganas de poner en práctica tus nuevas habilidades. Mi consejo es que comiences con las personas más cercanas. Así, si te descubren observando cada uno de sus movimientos, te resultará más fácil explicar tu interés. Al hacerlo, asegúrate de examinar todo el cuerpo para detectar algunas de las otras señales corporales no mencionadas hasta ahora.

Otras señales corporales a tener en cuenta

Cuando se trata de situaciones sociales, siempre es conveniente saber hasta qué punto una persona está interesada en la conversación. Con esta información podrás cambiar rápidamente de tema en caso de que tu interlocutor pierda el interés. También te permitirá detectar las señales procedentes de los demás que te indiquen que es seguro profundizar un poco más en la conversación porque la audiencia está cómoda y distendida.

Las personas que están interesadas mirarán hacia ti y su cuerpo también se volverá en tu dirección. Es posible que asientan, inclinen la cabeza hacia un lado e incluso se acerquen. Evidentemente, también debes prestar atención a la sonrisa de Duchenne para detectar un verdadero interés.

En cambio, si una persona mira hacia otro lado, es posible que esté buscando una salida rápida. Revisar constantemente el teléfono indica que la persona está distraída. Aunque es evidente que no participa en la conversación, observa si muestra signos de ansiedad por si existe un problema real. En caso contrario, puede que simplemente esté aburrido. Si no percibes estas señales, es probable que la otra persona suspire profundamente o bostece.

A continuación se indican otras formas de utilizar el cuerpo en la comunicación:

- **Contacto físico:** En muchos casos, esto será muy subjetivo y personal, ya que algunas personas se sienten más cómodas con el contacto físico que otras. Si alguien prefiere mantener cierta distancia física, es poco probable que utilice el contacto físico. Pero eso no quiere decir que no intenten establecer una conexión de otras formas.

Una caricia cálida puede durar unos segundos o incluso un minuto, normalmente en el brazo o el hombro. En las relaciones más estrechas, puede apoyarse una mano en la rodilla de la otra persona. Es una forma de ofrecer consuelo o mostrar preocupación. Si se combina con un contacto visual más prolongado y lamerse los labios, es más probable que sea una señal de coqueteo.

- **Mirar hacia atrás por encima del hombro:** Es una señal clara de que alguien está interesado en ti o siente algo por ti. Es como si fuera su última oportunidad de verte.

- **Sudoración visible:** No es común que una persona comience a sudar sin algún desencadenante físico. Por eso, si ves a alguien sudando, implica que está muy incómodo en esa situación. Esto es especialmente evidente si notas una respiración acelerada.

- **Bloqueo:** Es posible que la persona coloque objetos entre tú y ella, ya sea un teléfono o un bolso, a modo de barrera. A menudo, el objeto actuará como una distracción, especialmente si están constantemente mirando o comprobando un teléfono u otro dispositivo. Si notas que hay objetos entre ustedes, es una buena idea quitarlos para demostrarle a alguien que le estás prestando toda tu atención.

- **Una risa compartida:** La risa genuina y simultánea es una gran manera de conectar con una persona, especialmente en las primeras etapas de una relación. Curiosamente, la conexión es a menudo más fuerte si la broma no es tan divertida. Demuestra que existe un sentimiento mutuo de relajación.

En realidad, puede que sea más difícil compartir una risa con alguien a medida que envejecemos. Las investigaciones muestran que los niños en edad preescolar se ríen un promedio de 400 veces al día, pero para los adultos, esto ocurre solo 15 veces al día (Heggie, 2019).

- **Bladir:** Imagina un combate de esgrima en el que una pierna está delante y el cuerpo se tuerce alejándose del interlocutor. Para una persona diestra, el pie izquierdo dará un paso adelante, y el pie derecho soportará la mayor parte del peso. Esta es una postura clásica para mostrar que alguien se ha puesto a la defensiva y no está de acuerdo contigo.

Para evitar que las cosas se intensifiquen, es aconsejable suavizar el lenguaje corporal y hacer saber a la otra persona que respetas su opinión.

- **Frotarse el cuello:** Probablemente te hayas sorprendido a ti mismo haciendo esto varias veces al día, y a veces, frotarse el cuello es simplemente una forma de aliviar la tensión.

Sin embargo, si alguien se frota la parte del cuello que se une a la clavícula, podría ser porque está intentando calmarse, más en el caso de las mujeres. Esta parte del cuello es por donde pasa el nervio vago, un nervio crucial para calmar el sistema nervioso y la respuesta al estrés.

- **Retirarse:** Si una persona aleja físicamente su cuerpo de ti, puede significar que está desinteresada. Si cambiar de tema no les anima a inclinarse hacia ti, la retirada es probablemente porque se sienten incómodos o estresados, y su cuerpo se activa para la respuesta de lucha o huida.

- **Inquietud:** Es un error suponer que la inquietud es sólo un signo de aburrimiento. Podría ser el caso, pero al mismo tiempo, ¿has notado cómo tiendes a inquietarte más cuando estás nervioso?

Alguien que está excitado también puede moverse nerviosamente para controlar el exceso de energía. Se puede acusar de inquieto a alguien que quita las pelusas de la ropa de otra persona, pero en realidad es casi una señal paternal de cuidado.

Javier y Emma se conocían desde hacía cinco años. Cuando se veían, siempre había una conversación cortés y sonrisas. Como ninguno se había fijado demasiado en el lenguaje corporal del otro, ninguno le había dado mucha importancia a sus interacciones. No fue hasta que Javier sorprendió a Emma mirándole por encima del hombro cuando se preguntó si se le había pasado algo por alto.

Después de analizar estas señales de comunicación más sutiles, quedó claro que había otros signos en los que no había reparado. Después de hacer algunos pequeños cambios en su comunicación no verbal, ¡surgió la chispa! Leer el lenguaje corporal del otro se convirtió en la piedra angular de una relación feliz y duradera. Algo que podrían haberse perdido por completo si Javier no hubiera contextualizado esa primera señal y buscado las pistas.

Por eso tengo que insistir en que no se puede tomar una señal no verbal y centrarse sólo en ese mensaje concreto. Hay que buscar factores de apoyo y una perspectiva más amplia.

Todas estas señales sociales, desde expresiones faciales hasta signos de aburrimiento, están respaldadas por la forma física general de una persona y su postura.

Lo que la postura revela sobre una persona

A veces la postura puede resultar complicada, especialmente porque, como consecuencia de un estilo de vida sedentario, no todos tenemos una buena postura. Nuestra postura es la manera en la que nos paramos, sentamos y movemos en función de nuestras articulaciones, y una buena postura es la que pone la mínima tensión en las articulaciones.

Para leer la postura de las personas, debemos buscar señales de apertura o cierre. Una postura abierta es la que deja al descubierto el tronco del cuerpo. Imagínate que todos tus órganos vitales se encuentran en el tronco de tu cuerpo, así que mantenerlo abierto denota comodidad, confianza y buena disposición.

Esta postura abierta también se puede ver al sentarse. La persona estará sentada de forma más erguida, y no encorvada. Una postura encorvada, en ocasiones con los codos sobre las piernas, puede ser otra señal de aburrimiento o indiferencia. Dicha postura junto con los brazos o las piernas cruzadas puede indicar hostilidad o, posiblemente, ansiedad.

Finalmente, presta atención a la posición de la cabeza. Puede que alguien esté haciendo un gran esfuerzo por mejorar su postura y que parezca receptivo pero con la cabeza colgando, o que se mueva de modo indeciso, caso en el que la baja autoestima podría ser el problema. Cuando el mentón está paralelo al suelo, observamos que la persona se siente segura de sí misma pero, una vez más, si el mentón se eleva demasiado, podría estar mirándote por encima del hombro.

Finalicemos este capítulo con un ejemplo real de cómo leer a las personas y lo que podemos deducir de ello. Mientras que muchos de nosotros estamos interesados en la vida de una celebridad u otra, los expertos en lenguaje corporal han enloquecido por Meghan Markle y el Príncipe Harry, sobre todo después de su entrevista con Oprah y, y más recientemente, su serie de Netflix.

Durante la entrevista a Oprah, Meghan se mostró tranquila y muy serena. Mantuvo el contacto visual mientras respondía a las preguntas, pero un segundo antes de contestar, desvió la mirada mientras pensaba detenidamente sus respuestas. En un momento dio la vuelta la mano y abrió la palma, sugiriendo que estaba siendo sincera.

No obstante, cuando Oprah le hizo una pregunta acerca de su pasado, Meghan se frotó la pierna. ¿Qué podría decir esto?

Harry no siempre se muestra con tanta soltura ni confianza. Vemos a Harry juguetear con su alianza. Si realmente prestas atención a cuando toma la mano de Meghan, podrás ver momentos en los que sus nudillos se vuelven blancos, una muestra de su tensión.

En los trailers de Netflix, Meghan vuelve a mostrarse segura de sí misma cuando cuenta la historia de su primer encuentro con la difunta Reina. Resulta inocente bromear con el hecho de tener que hacer una reverencia al conocer a tu futura suegra, pero a muchos les pareció que Meghan se burlaba de la tradición.

Harry mira al suelo, y luego pone una cara de póquer bastante severa mientras observa a su esposa. Se puede ver la tensión en sus labios y el cambio de color en sus mejillas como señales de vergüenza. El lado izquierdo de su cara muestra señales de desprecio con una ligera tensión de la mandíbula. A pesar de que hay una ligera sonrisa, teniendo en cuenta los grupos, ¿te parece genuina?

Desarrollo del poder de observación

Esta será tu tarea para los próximos días. Ya se trate de tus amigos o familiares o de mirar entrevistas como las de Harry y Meghan, hay amplias oportunidades para observar a los demás y estar atento a estos detalles. Es posible que no seas capaz de identificarlos a todos con precisión enseguida, y no pasa nada. Está muy bien que ahora puedas detectar estos pequeños movimientos y que vuelvas a repasar este capítulo para verificar lo que has visto.

Aparte del rostro y el cuerpo, hay otros indicadores de lo que alguien quiere transmitir, como el tono de su voz, su proximidad e incluso la forma en la que te toca.

CAPÍTULO CUATRO: TERCERA PARTE: PROFUNDIZACIÓN EN LAS SEÑALES SOCIALES: OTROS ASPECTOS A TENER EN CUENTA

Me gusta mucho el poder de la observación, simplemente por todo lo que se puede aprender. Hace años, durante una reunión, me acuerdo de observar a un grupo de colegas que discutían sobre cómo avanzar en un proyecto concreto. Varias veces, todo el grupo estaba hablando y no se lograba nada.

Un integrante del grupo se ponía en el centro del círculo y retrocedía, haciendo que los demás dejaran de hablar y dando a él la oportunidad de hablar sin interrumpir a los demás. Era tan increíblemente sutil que los demás ni siquiera se daban cuenta, pero resultaba mucho más eficaz que levantar la voz.

Hasta el momento, analizamos docenas de movimientos corporales y pequeños cambios en el rostro que nos pueden ayudar a leer a las personas, pero nada de eso ayudó a Milly a entender por qué no podía mantener una relación.

Milly era una mujer atractiva, inteligente y divertida, y era buena haciendo reír a los demás con anécdotas interesantes. Pero detrás de eso, había una gran tensión que podía verse en sus ojos y en sus hombros. Su voz era demasiado aguda y las personas que pasaban mucho tiempo con ella se sentían ansiosas e incómodas por esta tensión latente.

Así que, en esta última parte del capítulo, hablaremos de otras señales sociales que pueden pasar desapercibidas, pero que también pueden darnos información acerca de una persona, aunque ésta no quiera que la conozcamos.

¿Qué es el paralenguaje?

El paralenguaje se refiere a los mecanismos físicos de nuestra voz y a las variaciones de ésta que combinadas con el habla transmiten el mensaje con más claridad. Se trata de un aspecto tan importante que los estudios han demostrado que es posible determinar cosas como la edad escuchando a distintas personas. Y lo que es más sorprendente, los participantes en el estudio pudieron adivinar con exactitud el trabajo de un orador basándose en su paralenguaje (Edwards, s.f.).

Básicamente, el paralenguaje consiste en los sonidos que emitimos y que no son palabras. Por ejemplo, un grito de asombro, una exclamación de excitación, un "hmm" cuando estamos pensando y la forma en que cambiamos el tono o el énfasis.

Empecemos con nuestra lista de señales de paralenguaje:

- Elevación del tono de voz: La voz de una persona se eleva, generalmente al final de una frase. Puede parecer que una afirmación se convierte en una pregunta y muestra falta de confianza.

- Humor: La risa es una forma de comportamiento receptivo que crea una conexión con los demás y que desarrolla y mantiene relaciones sanas.

- Retroalimentación verbal: Son los "oohs" y "aahs" de nuestras conversaciones y suelen ir acompañados de gestos como asentimientos e inclinaciones de cabeza y cejas levantadas para mostrar interés. Sin los gestos, estos sonidos podrían ser rellenos que expresan incomodidad.

- Gemidos: Estos sonidos deben interpretarse en el contexto de la situación. No es lo mismo un gemido de placer sexual que el de alguien que tiene que lavar la ropa.

- Convergencia fonética: La velocidad del habla, el tono y el volumen de dos personas en una conversación se vuelven similares. Es una señal de que les interesas o incluso les atraes.

- Acento y dialecto: Nos proporcionan más información sobre el origen cultural de una persona. Hay que prestar atención a los acentos, ya que no reconocer uno hace que el cerebro trabaje más y no podamos confiar tanto en la persona.

- Hablar entre dientes: Lo más frecuente es que las personas murmuren cuando se sienten incómodas o tímidas, o que hablen más rápido de lo normal. Hay algunas ocasiones en las que es simplemente una señal de pereza.

- Burlarse: Esa breve bocanada de aire que resuena como una carcajada puede ser una señal de asombro, pero también puede proceder de alguien que muestra su superioridad.

- Tartamudeo: Las personas suelen tartamudear cuando están muy nerviosas o padecen ansiedad social.

- Hablar rápido: El nerviosismo provoca una descarga de adrenalina y la gente empieza a hablar más rápido; en algunas situaciones, esto puede ser un síntoma de ansiedad social. Cuando alguien se apresura al pedir disculpas, puede sugerir falta de sinceridad.

- Hablar más despacio: Quienes hablan más despacio de lo normal y hacen pausas más largas entre palabras podrían sentirse deprimidos.

- Hablar sin parar: Cuando alguien comienza a divagar, sobre todo alguien en una posición de autoridad, puede ser porque tú o tus opiniones no son significativas. Sin embargo, también es señal de que alguien está en estado de shock.

- Falta de entusiasmo vocal: Aparte de no tener entusiasmo, las personas pueden hablar así si están estresadas o ansiosas, o quizás se sienten vulnerables. En algunas circunstancias, esto podría indicar que alguien no está diciendo la verdad.

- Tartamudear: La gente puede chasquear la lengua cuando no está de acuerdo con algo o se siente frustrada. Si lo intentas ahora, notarás que es difícil tartamudear sin mover la cabeza o bajar las cejas.

- Cadencia vocal: La fluidez de tu voz, los sonidos rítmicos y las pausas forman parte de la cadencia vocal. La cadencia más lenta indica que alguien está pensando o diciendo la verdad.

Ahondemos un poco más en la voz. La entonación es el modo en que modificamos el tono de nuestra voz. En español, la utilizamos frecuentemente para acentuar las palabras y el ritmo para darles sentido. La entonación natural impide que nuestra voz suene robótica o monótona.

Si el tono de voz se eleva, puede ser porque el interlocutor tiene curiosidad. Lo puedes apreciar cuando alguien hace una pregunta y la última palabra es un tono más alta. También puede indicar que una persona se siente sumisa o que está mintiendo.

La entonación baja transmite una sensación de autoridad. Puede que alguien esté llegando a una conclusión o afirmando hechos. Investigadores del MIT también descubrieron que tanto hombres como mujeres disminuyen el tono de voz cuando hablan con alguien que les gusta (Barker, 2016).

Si observas que una persona lleva toda la conversación con voz monótona, eso es un buen indicador de que está cansada o se siente decaída. También es posible que esta persona hable más bajo, sin embargo, una voz tranquila también puede ser indicio de falta de compromiso, timidez o ansiedad.

Por otra parte, hablar alto también puede ser una señal de timidez o ansiedad. La razón es que una persona puede subir el volumen de su voz para compensar su ansiedad. El volumen alto puede sugerir también que una persona tiene dificultades para sentirse escuchada y que necesita levantar la voz para que se entienda su punto de vista.

En lo que respecta al volumen, no olvides considerar la línea de referencia de la persona. Algunas personas están predispuestas biológicamente a hablar más alto. Los mediterráneos hablan más alto porque están más acostumbrados a pasar tiempo al aire libre. Sin embargo, si alguien está a tu lado, no es necesario que levantes la voz. Y esto nos lleva a lo que significa la distancia dentro de nuestras interacciones.

La proxémica, de cerca y en persona

El impacto de tu lenguaje corporal dependerá en gran parte de la distancia que mantengas con la audiencia. A esta distancia se la conoce como proxémica. Antes de analizar las cuatro principales zonas proxémicas, hay que apreciar las diferencias culturales.

El espacio personal puede diferir de un país a otro. En Estados Unidos, por ejemplo, la distancia socialmente aceptada para las personas que mantienen una relación estrecha es de un metro con veinte centímetros; para un conocido, de un metro y medio; y para un desconocido, un metro con cincuenta centímetros. Pero en Arabia Saudita, la distancia en una relación íntima es el doble, 1 metro. Un conocido puede estar a una distancia de un metro mientras que la diferencia para los extraños es menor, de un metro y medio (Erickson, 2017).

Por otra parte, quienes viven en una ciudad generalmente se encuentran más cómodos al estar más cerca, a causa del espacio reducido de su entorno.

La más cercana de las cuatro zonas es la zona íntima, que se inicia con el contacto físico hasta aproximadamente veinte centímetros. Como cabría imaginar, es una zona confortable para las personas que están en una relación cercana o que buscan intimidad. Es también una distancia segura para familiares y amigos íntimos.

Quienes practican deportes en equipo tienden más a permanecer en esta zona durante el partido y también fuera del campo de juego. Quizá hayas visto en las películas que, durante los interrogatorios, los agentes de la ley se acercan a la zona de intimidad como una técnica para generar ansiedad y presionar al sospechoso.

Cuando estás en un rango de un metro a un metro y medio, estás en el espacio personal de una persona, la distancia idónea para entablar relaciones. Se trata de una zona un poco complicada por ese metro de diferencia. Mientras más cercana es la relación, más corta es la distancia.

Generalmente, las mujeres prefieren permanecer dentro de este espacio personal. Es más probable que a las personas de mayor estatura se las acuse de invadir el espacio personal. Esto no quiere decir que estén físicamente más cerca, sino que su altura les hace aparentar ser más dominantes. Mucha distancia dentro del espacio personal puede producir una desconexión emocional.

Es crucial prestar atención a las señales de incomodidad de una persona. Por lo general, las distancias más cortas están asociadas con la calidez, la empatía y la comprensión, pero si una persona supera unos centímetros su límite, podría incomodarse rápidamente.

Esta zona social se encuentra aproximadamente entre un metro y un metro y medio, y es el punto de partida de la mayoría de las interacciones en reuniones de negocios y encuentros sociales. También se trata de un espacio confortable cuando te detienes y le preguntas a un desconocido cómo llegar a algún lugar.

Es un buen lugar para empezar, pero no para quedarse. Para entablar una relación más cercana, cuando notes que los demás se relajan, es hora de empezar a acercarte, pero sin perder de vista las señales que indican que vas demasiado rápido.

Para terminar, el término distancia pública describe el alejamiento típico de los desconocidos que no pretenden entablar una interacción social, entre tres y cinco metros. Se trata de otra buena opción si no quieres entablar una conversación trivial.

Lo que tu ropa le dice a los demás

No hace falta decir que vestirte para la ocasión es señal de que te has tomado tu tiempo y te has esforzado. No sería respetuoso llegar a una entrevista de trabajo como si acabaras de llegar de la playa. La ropa informal demuestra que una persona se siente cómoda, pero la ropa informal en la situación equivocada puede provocar rápidamente incomodidad.

La ropa que elijas puede aumentar tu confianza. No tienen por qué ser unos tacones o un traje elegante. Basta con tus vaqueros favoritos para sentirte bien contigo mismo. Además del tipo de ropa, el color también juega un papel importante.

Según la psicología del color, cada color resalta determinados rasgos de la personalidad:

- Rojo: Color que refleja pasión y energía, además de extroversión. También las emociones fuertes nos pueden conducir a rasgos de agresividad.

- Rosa: El color del amor sin su lado agresivo, el rosa expresa también bondad y está completamente contra la crueldad de cualquier tipo.

- Naranja: Lo utilizan las personas que se sienten sociables, felices y seguras cuando están en grupo.

- Amarillo: Este color es signo de lógica, coherencia y capacidad de concentración, aunque puedan ser un poco tímidos.

- Verde: Con una gran conexión con la naturaleza, la ropa verde apunta a personas que se preocupan por el medio ambiente. Procuran el equilibrio y son conscientes de las diferentes áreas de su vida.

- Azul: Este color aporta una sensación de paz, pero quienes les gusta llevarlo suelen ser bastante ingeniosos. El azul marino muestra seguridad y sinceridad.

- Púrpura: En el pasado, solía asociarse con la realeza. Hoy en día, lo usan las personas creativas y perspicaces que son encantadoras pero potencialmente temperamentales.

- Blanco: El clásico color de la bondad, la pureza y la inocencia.

- Negro: Otro color clásico que empodera a las personas, tiene estilo, elegancia y autoridad.

No pienses mucho en los colores. La psicología del color ha sido ampliamente investigada, pero no hay que olvidar que algunas personas eligen la ropa en función de sus preferencias. Algunos prefieren el negro porque adelgaza y no porque sientan que tienen el control.

Además de la ropa, también tenemos los accesorios. Regresando al negro, ponerse un conjunto negro sin otro color puede hacer que parezcas una persona fría o inaccesible, por eso los accesorios contribuyen a romper un color. Las joyas brillantes y atrevidas, como las pulseras grandes y los pendientes largos, suelen ser alegres y llamativas. Las joyas también permiten que los demás conozcan creencias o valores religiosos.

Mirar por encima de los anteojos puede recordarte a tu maestro de escuela y las miradas críticas. Usar anteojos de sol en interiores no solo es innecesario, sino que podría verse como una falta de respeto. Desde el momento en que los anteojos de sol se colocan en la parte superior de la cabeza, la persona parece joven y juguetona.

Y por último, es increíble el impacto que tiene el lápiz labial. Los labios pintados hacen que las mujeres parezcan más serias. Los colores pastel revelan una personalidad enfocada en su carrera profesional, pero el rojo es más utilizado para seducir. Hasta el maletín importa. Los maletines más pequeños sugieren una persona más organizada, ya que lleva menos trabajo a su casa.

Así que la moda y el estilo no solo se basan en lo que está de moda en el momento.

¿Qué quiere decir "reflejar"?

El concepto técnico de reflejar a los demás es la sincronía límbica, y se inicia en el momento en el que nuestro corazón empieza a latir al imitar el latido del corazón de nuestra madre.

De hecho, proviene de un conjunto de células nerviosas especiales del cerebro, las neuronas espejo. Gracias a estas neuronas imitamos el lenguaje corporal, las expresiones faciales y el habla de las personas que nos gustan o nos interesan. El reflejo puede contribuir a mostrar compromiso cuando igualamos la energía de otra persona.

Por ejemplo, bostezar cuando otra persona bosteza o cruzar las piernas cuando otra persona hace lo mismo. Puede que incluso te encuentres pidiendo la misma comida que un amigo o tu cita en un restaurante. Este tipo de señal social es una manera de conectar con los demás, percibir signos de comodidad y fomentar la confianza.

La háptica y el control de las manos

La háptica es un componente increíblemente poderoso de la comunicación no verbal y hace referencia a cómo utilizamos nuestro sentido del tacto. No es solo el primer sentido que desarrollamos, sino el más sofisticado. La falta de tacto humano está relacionada con la depresión y los trastornos alimentarios.

Poner la mano sobre el hombro o el brazo de alguien se considera con frecuencia una señal de consuelo y apoyo. Según la relación, un abrazo puede ser un paso más allá. Una palmada en el hombro puede demostrar aprecio, mientras que una palmada en el hombro se utiliza más comúnmente para llamar la atención de alguien.

Algunas caricias pueden ser juguetonas y coquetas. El roce puede durar un poco más de lo habitual, con contacto visual y una sonrisa. En estos casos, el contacto suele ser recíproco. En el otro extremo de la balanza, el contacto físico puede utilizarse para controlar a los demás. Ya hemos visto cómo un apretón de manos puede utilizarse para dirigir a las personas en una determinada dirección; una mano que empuja suavemente a alguien hacia una dirección u objeto pueden tener el mismo efecto.

No olvides lo que has aprendido sobre las culturas, la distancia y cómo el tacto puede depender de los antecedentes de cada persona. También es verdad que algunos roces son accidentales. Si alguien te toca en la calle o en una tienda (y no hay otras señales intencionadas), probablemente se trate de un roce accidental.

En los primeros días de lectura de personas, lo normal es fijarse en ciertos detalles, ya sea un levantamiento de cejas o un movimiento con los brazos. Todo lo que has aprendido en estas tres partes es como limpiar unos cristales empañados. De repente, se puede ver mucho más y es mucho para asimilar.

Uniendo todas las piezas del rompecabezas

Tan pronto comiences a confiar en la comprensión de los significados individuales, no te olvides de la importancia de unir todas las piezas para poder ver la imagen más amplia en su contexto. Concentrarse únicamente en las expresiones faciales podría llevar a malinterpretar la comunicación no verbal.

Entra en YouTube y busca entrevistas: no hace falta que sean muy extensas, basta con unos minutos cada una. Trata de ver entrevistas con gente de diferentes orígenes, hombres y mujeres, de diferentes culturas y con diferentes propósitos (discursos políticos, actos cómicos, etc.). Comienza buscando pistas no verbales específicas antes de fijarte en los grupos. ¿Eres capaz de detectar algún indicio universal? ¿Te parece que el comportamiento coincide con el mensaje que están intentando transmitir?

Para ayudarte con el contexto y la lectura de los grupos, el próximo capítulo analiza situaciones específicas que nos son conocidas a todos para que puedas comprender mejor las señales sociales y los comportamientos.

CAPÍTULO CINCO: PONIÉNDOLO TODO JUNTO: SITUACIONES CONCRETAS MEDIANTE EL USO DE SEÑALES SOCIALES

Ya hemos estudiado literalmente la forma de leer a la gente de la cabeza a los pies, pero, lamentablemente, esto no significa que la información esté grabada a fuego en nuestro cerebro. Si tomamos lo que hemos descubierto hasta ahora y lo contextualizamos en situaciones sociales, se reforzará nuestro aprendizaje.

Como sucede con gran parte de nuestras interacciones, en las conversaciones se puede pensar que se entienden bien todos los aspectos.

Cuando unos investigadores de la Universidad de Harvard invitaron a 252 desconocidos a participar en un experimento conversacional, comprobaron que solo el 2 por ciento de las 126 conversaciones finalizaban cuando ambos participantes querían. Es más, el 69 por ciento de los participantes deseaba que sus conversaciones terminaran antes de lo que lo hicieron (O'Grady, 2021).

Resulta alarmante pensar que pocas de nuestras conversaciones salen tan bien como nos gustaría. Sin la habilidad de entender las señales sociales en situaciones específicas, hay un gran riesgo de que estés charlando y la otra persona esté intentando encontrar la manera de marcharse. Vamos a ver lo que la gente intenta decirte con su lenguaje corporal durante una conversación.

Cuando alguien quiere terminar una conversación

Las señales más obvias que ya se han mencionado son moverse nerviosamente, mirar el teléfono o mover el cuerpo en dirección a una salida. Hay que recordar que puede tratarse de algo muy visible, como una rotación de toda la parte inferior del cuerpo, o de un simple cambio de dirección de los pies, lo cual es señal suficiente para una persona o para todo un grupo.

Si alguien está sentado, es posible que notes la "posición de arranque", en la que una persona se agarra a los reposabrazos de una silla o pone las manos sobre las piernas como si quisiera levantarse. Si una persona gira el pecho hacia un objeto de interés, por ejemplo su computadora, es una señal de que no tiene tiempo para seguir hablando. Si está parada, puede dar un paso hacia atrás para indicar el final de la conversación.

Dependiendo de la cultura, la reducción del contacto visual puede poner fin a una conversación. En cambio, algunas señales sociales aumentan. Puede ocurrir, por ejemplo, que alguien incremente el uso de la inclinación de cabeza, lo que da una sensación de urgencia por terminar de hablar. Si observas que cada vez se oyen más "hmms" y "ahas", es posible que su paciencia para la conversación se esté agotando.

Otros pueden sentirse más frustrados por no haber terminado la conversación. Esto se puede ver con movimientos de manos bastante dramáticos, como dar palmadas en los muslos. Otras señales algo menos explosivas serán jugar con los objetos que estén cerca.

Ahora que estás más sintonizado con las señales sociales, una de las reacciones más sorprendentes con las que te puedes encontrar es la falta total de respuesta. No se trata de que simplemente dejen de responder verbalmente, sino que tampoco podrás leer ninguna señal social, ya que no te están dando ninguna. Esto se debe con frecuencia a que la mente del interlocutor ha empezado a divagar en vez de participar en la conversación.

Cuando alguien demuestra interés

Partiendo del grupo interesado, debes comprobar que la parte superior del cuerpo está inclinada hacia ti y que no hay barreras entre ambos, incluyendo los brazos cruzados. La ausencia de barreras seguirá con la parte inferior del cuerpo, asegurándote de que las piernas se muestran abiertas. Los pies deben apuntar en tu dirección y no se tienen que mover.

Cuando una persona está interesada en la conversación, suele reflejarse mucho. En lugar de mirar el teléfono, no se distraerá de la conversación. Además, se abstendrá de interrumpir a menos que sea con signos vocales de interés como "ohh" y "sí".

Sin embargo, si haces preguntas y la respuesta es sólo un "sí" u otras respuestas sencillas, la conversación prácticamente ha terminado ahí mismo. Si la respuesta es más completa, acompañada de preguntas detalladas y específicas sobre ti, será un buen indicador de que quiere que la conversación continúe en lugar de limitarse a ser educado.

En lo que se refiere al rostro, puede haber menos parpadeo y las cejas pueden estar juntas, no tanto para que parezca confuso, pero sí lo suficiente para mostrarte que te está escuchando. Las pupilas pueden dilatarse, pero una señal positiva es el brillo de los ojos. Una inclinación de la cabeza hacia un lado muestra que siente curiosidad por lo que le estás contando.

También hay que prestar atención al nivel general de entusiasmo. La disminución de los gestos con las manos o incluso la ausencia de ellos indica niveles de energía más bajos y, por lo tanto, menos entusiasmo. Por el contrario, los movimientos exagerados de brazos y manos hacen que el interés parezca menos creíble.

Las señales sociales que vimos en el apartado anterior también son indicadores de que una persona no está interesada en ti. Además, ten cuidado con las personas que miran el reloj con frecuencia o se frotan la muñeca sin reloj.

Cuando alguien quiere cambiar de tema

¿Y qué pasa cuando recibes señales contradictorias? Pareciera que muestran todas las señales de que están interesados en ti, pero no están involucrados en la conversación. Es fundamental que estés atento a las señales sociales que sugieren que una persona está incómoda o aburrida conversando. Por ejemplo, puede que sus pies o piernas apunten en tu dirección, pero el contacto visual parece menor.

Una buena señal de que no eres tú, sino la conversación, es cuando el oyente incorpora a otra persona a la conversación. Esta tercera persona puede aportar una nueva perspectiva o hasta cambiar el tema por completo. En vez de otra persona, puede mencionar otra observación externa, un automóvil que pasa o un comentario sobre otra persona que está a la vista.

Este tipo de comentarios con frecuencia se deben a que no sienten que les estés prestando suficiente atención.

Las señales verbales son más fáciles de percibir, pero vale la pena prestar atención a lo que dicen y cuándo lo dicen. Si una persona está evidentemente enojada y busca consuelo mientras intenta cambiar de tema, eso podría considerarse simplemente cruel.

Otras personas mostrarán señales de querer cambiar de tema porque se sienten incómodas. Encontrarás más información al respecto en la sección sobre la incomodidad. Un tema determinado puede parecerte "normal" a ti, pero puede ser un desencadenante para los demás. Así que te toca a ti leer esas señales y cambiar de tema para que la gente no se sienta incómoda.

Si sientes la necesidad de cambiar de tema, procura hacerlo de forma que no resalte tu aburrimiento. Si el tema es aburrido, podrías preguntarles cómo se involucraron o interesaron por ese tema en particular. Es una forma más natural de cambiar de tema que frases como "En fin, ¿qué te parece...?".

Cuando alguien quiere decir que no

Hay una manera correcta y otra incorrecta de decir que no y, para muchos, es más fácil decir que sí porque no tienen la confianza necesaria para decir que no con firmeza. Como solución intermedia, existe lo que se denomina un "no suave", es decir, uno que proviene del lenguaje corporal y no de un "no" rotundo. Comienza con un movimiento de cabeza y, si esto no es suficiente, es necesario involucrar otras partes del cuerpo.

Una señal clara es el bloqueo. Si un compañero de trabajo coloca una carpeta o una bolsa entre los dos, es un intento de decir que no. También pueden abrocharse o subirse la cremallera de la chaqueta. Otras barreras serían cruzar los brazos o las piernas. Al igual que con el interés o la falta de éste, girar el torso y dar un paso atrás significa que no.

Presta atención a los gestos de las manos cuando se trata de recibir el mensaje del no. Podrás notar que los puños están cerrados o que las manos y los brazos se mantienen pegados al cuerpo con poco movimiento.

El contacto visual recae sobre las cosas que nos gustan. Imagina que ofreces a alguien una fruta o un donut. Dicen que no al donut, pero su mirada no se aparta de él.

Un no suave también puede ser verbal. En vez de un no rotundo, la gente utilizará frases como "Me encantaría ir, pero ya tengo planes", o cualquier otra frase similar que exprese interés y vaya seguida de un "pero".

Cuando le gustas a alguien

Si no tienes mucha confianza en ti mismo, es posible que no te des cuenta de las señales sociales que sugieren que alguien está interesado en ti. No solo te costará detectar las señales, sino que quizá te sientas sin práctica coqueteando, así que por más que alguien te dé estas pistas, también las puedes utilizar para expresar tu atracción por alguien.

El reflejo es una señal social fundamental que indica atracción, además del contacto visual y la sonrisa. El contacto visual puede prolongarse más tiempo y ser más intenso, sin sensación de incomodidad. El cuerpo de la persona estará orientado hacia ti y si observas que su vientre se ensancha, es que se siente segura de sí misma y más interesada.

Cuando alguien quiere causar una buena impresión, puede arreglarse para mejorar su aspecto físico. Presta atención a acciones como alisar la ropa o arreglar los cuellos, quitar las pelusas de la ropa y volver a maquillarse.

El espacio es crucial para la atracción física y emocional. La zona íntima es de menos de dieciocho centímetros, así que en las primeras fases de la interacción, una persona puede merodear alrededor de esta marca de dieciocho centímetros, aproximándose ocasionalmente para juzgar tu reacción.

Si le gustas, también suprimirá las barreras físicas. Lo notarás, por ejemplo, en un restaurante, cuando alguien mueva los condimentos hacia un lado. De esta forma, hay un camino despejado y la posibilidad de, tal vez, tomarse de la mano.

Las caricias coquetas pueden variar según el sexo, pero serán lo bastante sutiles como para que casi se consideren roces accidentales. En el caso de las mujeres, podría tratarse de tocar ligeramente un brazo, mientras que un hombre podría colocar su mano en la parte baja de tu espalda.

También hay otras diferencias entre los sexos. Las mujeres pueden exponer el cuello. Es una parte importante del cuerpo, no solo por la liberación de feromonas, sino también por su sensibilidad. Pueden tocarse el pelo o los labios y pueden llevar a cabo la "mirada de coqueteo" cuando inclinan el mentón hacia abajo y miran hacia arriba por entre las pestañas.

Los hombres son más dados a ocupar espacio personal, como el clásico estirar el brazo alrededor de los hombros de otra persona. También podría ser simplemente apoyar una mano en el respaldo de la silla de alguien. La voz se volverá más grave, pero en lugar de tocarse el cuello, se frotarán el mentón o la nuca para liberar feromonas.

Cuando alguien se siente incómodo

No tienes por qué asustarte si alguien muestra signos de incomodidad, porque esto no significa necesariamente que no le gustes o que no quiera estar contigo. Podría ser algo relacionado con la conversación o incluso con el lugar en el que se encuentran lo que le causa malestar. Pero una parte de leer a la gente consiste en hacer lo posible por mejorar la comunicación, de modo que tendrás la capacidad de adaptar tu lenguaje corporal para que la otra persona se sienta menos incómoda.

Seguramente serás capaz de adivinar que apartarse y bloquear el torso son indicios de que una persona se siente incómoda o expuesta. Por lo general, notarás que la persona intenta parecer más pequeña.

Pon mucha atención a las personas que encuentran formas de tranquilizarse. La sensación de incomodidad puede aumentar los niveles de estrés y ansiedad. Los gestos para tranquilizarse varían de una persona a otra, pero pueden incluir mover los pies, juguetear con las joyas, estar inquieto o frotarse partes del cuerpo como el cuello o el brazo. En ocasiones, esto puede confundirse con señales de aburrimiento, por lo que hay que estar atento al contacto visual inestable o a cualquier movimiento brusco.

Hay dos indicadores interesantes de incomodidad relacionados con el flujo sanguíneo en la cara. Ya sabemos que el rubor puede deberse a la vergüenza, pero la sangre fluye primero hacia las orejas, por lo que podría indicar que alguien está fuera de su zona de confort.

Después, puedes notar que alguien se rasca la nariz. El aumento del flujo sanguíneo en los vasos sanguíneos de la nariz hace que algunas personas se rasquen más la nariz.

Si bien todos solemos tener un lado dominante, una postura desequilibrada o no centrada puede dar una impresión de incomodidad. A menudo esto va unido a un desplazamiento del peso de una cadera a otra, tanto que parece que la persona se balancea.

Cuando alguien está enojado o irritado

Como se trata de una de nuestras emociones más fuertes, conviene no malinterpretar las señales de ira por no observar el panorama general y los grupos de indicadores. Golpear los pies puede ser un modo de tranquilizarse, o apretar los puños un modo de rechazar las insinuaciones románticas de otra persona. Si se combinan, son un claro indicador de que alguien está furioso.

Otros ejemplos son el bloqueo corporal y el cruce de brazos. Ya hemos visto que estas señales sociales admiten muchos significados. Pero cuando estos gestos van acompañados de tensión en el rostro, es posible que la persona se esté irritando.

Pero hay más. Imaginemos estos grupos pero con distintas posturas corporales. Si la persona presenta estas señales sociales y te mira fijamente, es muy probable que su enojo vaya dirigido hacia ti. Si el torso, el cuerpo y los pies están orientados en otra dirección, es posible que recibas el ataque verbal, aunque no seas el receptor.

Cuidado con los cambios en la respiración. Las fosas nasales dilatadas, los suspiros y los jadeos apuntan hacia la irritación, y los cambios en los niveles de oxígeno podrían producir enrojecimiento en la cara, por lo tanto, existe esa expresión que puede hacer hervir la sangre de alguien.

Finalmente, hay que estar alerta para detectar movimientos y posturas rígidas. La ira contenida puede hacer que las extremidades se tensionen y parezcan rígidas. También los hombros podrían levantarse.

Siempre hay que tener cuidado cuando las señales de ira van más allá de lo que se considera normal o en donde no te sientas cómodo. Los movimientos bruscos y repentinos que tienen la intención de causar miedo, las patadas, lanzar objetos y los portazos son cosas que no tienes por qué tolerar. Dile a la persona que volverás cuando se calme para poder finalizar la conversación.

Cuando alguien quiere hablar

La mayor parte de la gente reconoce que las interrupciones directas son de mala educación, así que el lenguaje corporal y las señales sociales sirven para que la conversación resulte menos agresiva. No obstante, si el oyente no entiende la indirecta, hasta el lenguaje corporal puede parecer agresivo.

Comenzando por lo más sutil, si observas que alguien abre y luego cierra la boca como si se estuviera conteniendo para no hablar, es una señal inequívoca de que está esperando el momento oportuno. También es posible que cambie de postura y se incline más. Por lo que respecta a la paralingüística, presta atención al carraspeo, un sonido que suele producirse antes de que alguien empiece a hablar.

Uno de los principales indicadores de que alguien quiere hablar son las manos. A veces, las manos se mueven hacia delante. Parece como si quisieran alcanzar algo. En otras ocasiones, se elevan hasta la altura de los hombros, con las palmas hacia fuera. Esto se remonta al hábito infantil de levantar las manos para hablar.

Quizás notes que, además de levantar las manos, las palmas están ligeramente inclinadas hacia delante y podría haber un ligero empujón, como si la persona te estuviera presionando para que dejaras de hablar, de forma parecida a como usaríamos las manos para decirle a alguien que se calme.

Si la paciencia de una persona empieza a agotarse, los gestos de la mano pueden volverse más agresivos. En vez de tener la palma de la mano ligeramente inclinada, la tendrá extendida como una señal de alto. Es posible que la otra persona apriete el puño o muestre otras señales de irritación.

Cuando alguien está coqueteando

Si hablas con una mujer que podría sentirse atraída por ti y notas que parpadea más de lo habitual, acompañado de una sonrisa sincera, probablemente esté coqueteando contigo. Esto a menudo va acompañado de una mirada más baja y las cejas levantadas.

En lo que respecta a los labios, puede que se los relama. Esto se debe a dos motivos: los labios húmedos se ven más brillantes y atractivos. Por otra parte, un incremento del ritmo cardíaco, provocado por la atracción, puede producir sequedad en la boca.

Hay algunos indicios femeninos de coqueteo que forman parte del grupo, aunque pueden significar otras cosas si se realizan individualmente. Que sus caderas miren hacia ti o que sus muñecas estén hacia arriba son indicios de fertilidad. Tradicionalmente, el cabello largo también representaba un signo de fertilidad, así que si lleva el pelo suelto, es una buena señal.

Por otro lado, un hombre no suele lamerse los labios cuando está coqueteando. En su lugar, es más común ver los labios separados o un contacto visual más prolongado. Su mirada podría recorrerte de arriba a abajo mientras observa todo tu cuerpo. Como ocurre con el contacto visual, esto solo es coqueto hasta que se vuelve desagradable.

Respecto a la postura, el objetivo final de un hombre es demostrar su fuerza y masculinidad. Para ocupar más espacio, podrían ponerse de pie con las piernas ligeramente más abiertas, bien erguidos, y con los hombros hacia atrás.

Las fosas nasales ensanchadas son una señal social interesante. Ya hemos visto que las fosas nasales ensanchadas permiten la entrada de más oxígeno y pueden ayudar a preparar el cuerpo para luchar. Sin embargo, desde el punto de vista biológico, las fosas nasales dilatadas también permiten que el hombre absorba más feromonas. Éste puede ser también el motivo de los labios entreabiertos.

Cuando alguien se siente avergonzado

La mayor parte de las señales sociales que indican que alguien se siente avergonzado se relacionan con el intento de ocultarse. Comenzando por los ojos, la persona evitará el contacto visual y es probable que pase más tiempo mirando hacia abajo. Además de la falta de contacto visual, puede que notes que la mirada se desvía a todas partes a causa de sus fuertes sentimientos de vergüenza y pudor.

No confundas la vergüenza con la culpa porque las señales de los ojos pueden ser similares, como la ausencia de contacto visual y mirar hacia abajo. Los sentimientos de culpa se pueden diferenciar de los de vergüenza por otras señales sociales como frotarse las manos, aumentar la respiración y/o tirarse de la ropa, sobre todo del cuello.

Cuando el sentimiento de vergüenza es demasiado para ellos, es posible que utilicen una mano para taparse los ojos o incluso las dos manos para ocultar toda la cara. Si les miras el cuello, podrás ver cómo parece más corto en un intento de enterrar la cabeza debido a la vergüenza. Para ocupar menos espacio, es probable que su espalda esté más encorvada en lugar de recta.

Para algunos, la vergüenza y la ansiedad social son tan grandes que evitan cualquier tipo de interacción social o la reducen al mínimo.

Chloe había tenido una serie de citas fallidas y su confianza en sí misma había tocado fondo. Sentía que era un completo fracaso a pesar de tener una carrera exitosa y su propia casa. Llevaba una buena vida social, lo que la hacía pensar que no se debía a su falta de personalidad.

No fue hasta que Chloe recibió algunos consejos sobre el lenguaje corporal por parte de una amiga cuando empezó a darse cuenta de que había estado enfocando mal sus citas.

Chloe pensaba que, para impresionar a sus parejas, tenía que mostrar confianza en sí misma, pero en este intento, determinadas partes de su cuerpo expresaban confianza, pero faltaba por completo una de las áreas más importantes: no hacía contacto visual. Los gestos de confianza con las manos, sin otras señales, solo parecían erráticos.

Mirando retrospectivamente a las citas anteriores, pensó que debía de parecer desinteresada, que no escuchaba y que estaba algo nerviosa. Irónicamente, ella sentía todo lo contrario.

En su siguiente cita, Chloe hizo un esfuerzo consciente para trabajar en una cosa, simplemente en el contacto visual. Afortunadamente, esto fue suficiente para conseguir una segunda cita en la que pudo practicar más señales sociales de coqueteo. En cuanto su lenguaje corporal coincidió con el mensaje que quería transmitir, las citas dejaron de ser un problema.

Es hora de dejar de depender de tus palabras

Ahora ha llegado el momento de poner en práctica lo que has aprendido en este capítulo. En vez de interrumpir a alguien con palabras, envíale señales no verbales y comprueba qué efecto tiene. Si quieres que cambie la conversación o marcharte, utiliza tu cuerpo y busca señales de que han entendido tu mensaje.

Leer las señales sociales de una persona cuando estás en comunicación cara a cara ya es bastante difícil; leerlas a través de un mensaje de texto o de correo electrónico lo es aún más. Pero aún es posible eliminar las conjeturas de la comunicación escrita. Continúa leyendo para descubrirlo.

Un paso más allá: Introducción al thin-slicing

Siempre hemos escuchado el dicho: "No hay una segunda oportunidad para causar una primera impresión", pero muy pocos nos damos cuenta de lo rápido que se forma esa impresión. Según las investigaciones, el cerebro humano tarda solo 100 milisegundos en formarse una opinión de alguien (Willis & Todorov, 2006). Es lógico que más de la mitad de esa impresión dependa de lo que vemos en tan poco tiempo. Y esto puede tener consecuencias importantes.

Pensemos en David, quien entrevistó a dos candidatos. Ambos tenían cualificaciones similares, pero cuando David consultó sus perfiles de LinkedIn, ya se había formado una impresión previa. Uno de los candidatos, bien vestido y con una sonrisa confiada, causó una fuerte impresión, mientras que el otro parecía nervioso, tirando de su chaqueta. David contrató al primer candidato por su confianza, pero más tarde se arrepintió por su impacto negativo en el lugar de trabajo.

Este es un proceso bidireccional. Cuando conoces a alguien nuevo, el cerebro de esa persona se llena de juicios mientras se formula una opinión sobre ti. Tu cerebro hace exactamente lo mismo, aunque te repitas a ti mismo que no juzgas los libros por su portada.

Es muy importante no ser demasiado duro con uno mismo. Este prejuicio, conocido como sesgo de confirmación, tiene sus raíces en zonas del cerebro como el córtex prefrontal, la misma parte del cerebro que se utiliza cuando se toman las primeras impresiones y decisiones. Además, las áreas del cerebro relacionadas con las primeras impresiones también están conectadas con el sistema límbico, que se encarga de gestionar nuestras emociones. Esto significa que, aunque lleguemos a conocer a una persona, nuestro cerebro todavía puede aferrarse a las emociones que creó esa primera impresión, lo que dificulta deshacerse de las creencias negativas.

Esta forma de inferir rápidamente sobre una persona o una situación con información limitada se conoce como "thin-slicing". Se puede juzgar a partir del lenguaje corporal, el comportamiento, las expresiones faciales y el tono de voz. A partir de esta brevísima captura de una interacción, el observador saca conclusiones sobre las emociones e incluso las actitudes de los demás.

Desde un punto de vista evolutivo, este tipo de técnicas eran cruciales para la supervivencia. Nuestros antepasados debían tomar decisiones rápidas sobre si se enfrentaban a un peligro o no. Estas decisiones activaban la respuesta de lucha o huida.

Hay situaciones en las que esto sigue siendo necesario hoy en día.

Sin exagerar, la habilidad para evaluar rápidamente una situación y hacer juicios y tomar decisiones rápidas puede ser la diferencia entre la vida y la muerte. Sin embargo, la pregunta sigue en pie: ¿Es el thin-slicing realmente beneficioso en el contexto actual?

Ahora es cuando las cosas se ponen interesantes: es perfectamente posible que estas impresiones sean exactas. La psicóloga Nalini Amabady realizó un experimento en el que grabó en video a profesores graduados mientras impartían sus clases. A continuación, compiló clips aleatorios de 10 segundos para crear un montaje de 30 segundos para cada uno de los 13 profesores. Estos montajes se reprodujeron en silencio a estudiantes que no conocían a los profesores. A continuación, se les pidió que evaluaran a los profesores en función de determinadas cualidades, como la competencia y la confianza.

Al cotejar los comentarios de los estudiantes con las evaluaciones de final de semestre de los alumnos reales, se observó una fuerte correlación entre las opiniones de los dos grupos. El mero hecho de ver un clip mudo de 30 segundos permitió a los estudiantes formarse opiniones similares a las de quienes habían recibido clases de los propios profesores. Amabady descompuso aún más los videos en clips de 15 segundos e incluso de 6 segundos, y los resultados indicaron que incluso duraciones más cortas conducían a la formación de opiniones precisas (Winerman, 2005).

Las observaciones realizadas durante el thin-slicing suelen clasificarse en macrorasgos y microrasgos. Los macrorasgos abarcan características como la simpatía, la calidez, la confianza, el nerviosismo, la cortesía y la competencia, rasgos que los individuos tienen más probabilidades de distinguir con precisión. Por el contrario, los microrasgos, como la sonrisa, el contacto visual, la postura y los gestos con las manos, plantean un reto mayor. Esto presenta el primer inconveniente del thin-slicing: aunque puede ser beneficioso para evaluar las impresiones generales de las personas, puede no ser tan eficaz para discernir detalles específicos.

Además, el thin-slicing es propenso a los prejuicios y los estereotipos. Las emociones pueden influir significativamente en la percepción que se tiene de alguien; las emociones positivas pueden llevar a conclusiones positivas, mientras que las negativas pueden producir el efecto contrario. Especialmente en las primeras impresiones, las personas suelen formarse impresiones positivas de los demás si su lenguaje corporal y su postura coinciden con los suyos.

Como ocurre con todas las habilidades, el thin-slicing puede trabajarse para utilizarlo en beneficio propio.

Lectura de señales no verbales a través del thin-slicing

La comprensión de que se juzga es el primer paso para aprovecharse de ello, tanto si eres tú quien juzga como si te juzgan a ti. Te ayudará a prepararte para ellos. Empecemos por ver cómo puedes causar una buena primera impresión utilizando el thin-slicing.

Algo que se suele pasar por alto es la impuntualidad. La forma más rápida de fomentar una opinión negativa de alguien incluso antes de conocerle es llegar tarde. Esto da la impresión de que no les respetas ni a ellos ni a su tiempo. Recuerda: si no llegas a tiempo, llegas tarde.

A esta altura de la vida, probablemente sepas más que de sobra qué ponerte para las distintas ocasiones. Si no estás seguro, es mejor pecar de precavido y vestir más elegante que informal. A la hora de elegir la ropa adecuada, hay que tener en cuenta las 4 C: conservador, cuidado, correctamente ajustado y cómodo. Cómodo no quiere decir informal, pero si te aseguras de que tu ropa es cómoda, reducirás las ganas de moverte.

El lenguaje corporal es más difícil de evaluar. Esto ocurre principalmente porque cuando practicas en el espejo, eres consciente de lo que haces y puedes esforzarte. Pero no te proporciona una imagen exacta de tu lenguaje corporal como si estuvieras interactuando normalmente con alguien.

Para solucionarlo, pídele a alguien que te grabe sin que te des cuenta. Ver el video te permitirá apreciar tu postura, tu lenguaje corporal y, si estás lo suficientemente cerca, tus expresiones faciales. Pon atención a los mensajes más sutiles, como el contacto visual. Este ejercicio es un poco como obtener una referencia, y una vez que sepas con qué estás trabajando, sabrás dónde están tus áreas de mejora.

Como hemos visto, formarse opiniones precisas sobre las personas basándose en macrorasgos es más fácil, pero los microrasgos se vuelven un poco más complejos. Considerando lo rápido que se forma una opinión, las microexpresiones, que duran segundos, son esenciales. Como ya hemos estudiado las microexpresiones de las emociones primarias (felicidad, tristeza, ira, miedo, desprecio, asco y sorpresa), vamos por buen camino para leer las microexpresiones como profesionales. Si no es así, no hay nada malo en volver atrás y refrescar rápidamente las diferentes señales no verbales de fracciones de segundo.

La proxémica de las cejas es una de las mejores formas de conocer a una persona. Cuando alguien se fija en sus expresiones faciales, gran parte de la atención se centra en la sonrisa, pero lo importante es la distancia entre los párpados y las cejas. Estos indicios de información pueden ayudar a determinar la forma de acercarse y tratar a distintas personas.

Las cejas altas indican que una persona utiliza su hemisferio derecho del cerebro para tomar decisiones; tiene en cuenta sus emociones y necesita tiempo. Es mejor dejar que estas personas acorten la distancia física entre ustedes a su debido tiempo en lugar de acercarse demasiado pronto. Puede que sean más partidarios de la formalidad, por lo que deberías considerar un enfoque más formal en tus señales verbales y no verbales.

Unas cejas bajas y casi sin distancia entre los ojos y las cejas indican que la persona tiene una mente rápida. Sus cerebros suelen saltar a la siguiente cuestión, incluso a la otra, mientras tú sigues hablando del asunto que tienes entre manos. Esto puede provocar que interrumpan porque necesitan decir algo antes de que el cerebro vuelva a saltar. Esta interrupción no es necesariamente una señal de falta de respeto o de que no están prestando atención. Resultará más fácil acercarse a ellas y apreciarán menos la formalidad, pero hacer esperar a estas personas podría volverlas locas.

Quizás conozcas e interactúes con personas con una ceja alta y otra baja, o al menos una más alta o más baja que la otra. Esto también tiene que ver con los lados dominantes del cerebro y la forma en que las personas interactúan con su entorno.

Ceja izquierda baja - son amables y fáciles de abordar en el mundo exterior.

Ceja derecha baja son amables y fáciles de abordar en su vida personal o interior.

Ceja izquierda alta - son reservados y distantes en el mundo exterior.

Ceja derecha alta - son reservados y distantes en su vida personal o interna.

Para que quede claro, las cejas izquierda y derecha son desde tu perspectiva, como si las estuvieras mirando. Por lo tanto, si ves una ceja izquierda baja, sería su ceja derecha.

Para terminar, no olvides dejar de lado tus emociones. Tus emociones pueden hacer que leas a una persona o situación de forma diferente, pero los demás también pueden crearse opiniones equivocadas sobre ti basándose en tu proyección emocional. Esto requerirá práctica, pero afronta cada interacción como una nueva, sin dejar que las experiencias pasadas te lleven a sacar conclusiones precipitadas.

Perfeccionamiento del thin-slicing

Debes empezar por ti mismo para ser capaz de tomar las decisiones correctas: comprender las impresiones que dejas te ayudará a ver mejor cómo te ven los demás. Aparte de grabarte en video, solicitar opiniones es una forma estupenda de ser más consciente de uno mismo. No siempre te gustará lo que oigas, pero puede servirte para crecer.

La toma de decisiones es un reto, y hacerlo rápidamente, ya sea sobre una persona o una situación, es incluso más difícil. Necesitarás practicar, pero lo importante es elegir el momento adecuado para desarrollar esta habilidad. Si te sientes estresado y tienes un millón de cosas entre manos, no será el momento adecuado para tomar decisiones rápidas. Procura estar dentro de tu zona de confort para no terminar cuestionando tus decisiones.

Asimismo, empieza con decisiones pequeñas en lugar de las que te cambian la vida. Si te cuesta decidir qué comer o qué ropa ponerte, proponte retos para tomar estas decisiones en 10 o incluso 5 segundos. Cuánto más practiques con estas decisiones de menor impacto, se te hará más fácil cuando necesites tomar decisiones más importantes con rapidez.

También es recomendable empezar por áreas de tu vida en las que ya te destaques. Si tus habilidades para leer a otras personas no están a la altura, no te sientas presionado a cortar por lo sano cuando conozcas a gente nueva. Para empezar, ve las películas y la televisión en silencio. Por ejemplo, comienza una película escribiendo tus ideas originales acerca de los personajes basándote únicamente en lo que puedes ver durante un corto periodo de tiempo. Al final de la película, fíjate si los personajes resultaron ser quienes pensabas.

Para desafiarte aún más, plantéate los prejuicios o estereotipos que pudieras tener al principio de la película. Esto puede ocurrir especialmente si se trata de un actor al que has visto en otra película. Quizás descubras que tienes juicios basados en sus papeles anteriores.

En situaciones de estrés en las que sabes que tienes que tomar decisiones rápidas, ensaya con antelación. Estamos acostumbrados a practicar lo que queremos decir, pero no tanto las señales no verbales que se van a utilizar. Busca circunstancias similares que reproduzcan el estrés y practica cómo manejar esa situación. Mientras más practiques por adelantado, mejor podrás manejar la situación real. Esto es así porque cada práctica refuerza las vías neuronales en el cerebro, lo que hace que sea más fácil recordar.

Y por último, aprovecha todas las oportunidades que puedas para practicar el thin-slicing, en particular la lectura de las microexpresiones de la gente. Cuanto mejor comprendas los verdaderos sentimientos de los demás, más información tendrás y tus decisiones instantáneas serán más acertadas.

Aunque el thin-slicing hace referencia sobre todo a la comunicación cara a cara, también es importante tener en cuenta que se pueden hacer juicios (tanto acertados como erróneos) en la comunicación escrita. En el próximo capítulo, nos introduciremos en el mundo de la comunicación digital y veremos cómo no hacer interpretaciones erróneas ni tomar decisiones precipitadas cuando leemos mensajes.

CAPÍTULO SEIS: LEYENDO EL TONO DE UN TEXTO O UN CORREO ELECTRÓNICO

Desde la irrupción de la tecnología digital, que creció significativamente durante la pandemia y el trabajo a distancia, buena parte de nuestra comunicación se ha trasladado a Internet. Es comprensible que los expertos empezaran a apreciar la importancia del tono de voz en la comunicación escrita.

Asumir que nuestras palabras valen por sí solas es un error. Es muy cierto que la comunicación escrita es otro método para transmitir un mensaje, pero aunque solo haya palabras, el lector puede captar toneladas de felicidad, emoción e incluso enojo y rabia. Además, sin el apoyo del lenguaje corporal, es incluso más fácil que la comunicación escrita se malinterprete.

Aparte de las revisiones ortográficas y gramaticales, Grammarly tiene ahora la opción de analizar textos y detectar el tono. Gracias a un sofisticado aprendizaje automático, el software examina la elección de palabras, la redacción, la puntuación e incluso cómo utilizamos las mayúsculas para indicar la forma en que un lector podría interpretar el texto.

Seleccionando un estilo de redacción, Grammarly hace sugerencias para que la comunicación escrita sea más o menos formal, más creativa o más académica. Dedicando tiempo a comprender el tono del texto escrito, puedes ayudar al lector a entender mejor lo que intentas decir y evitar así diversos problemas a causa de malentendidos.

¿Qué es el tono en un texto o un correo electrónico?

La tonalidad de nuestra comunicación escrita proviene de las características ya mencionadas, como la elección de palabras, la puntuación y el uso de mayúsculas. También abarca la forma en que abrimos y cerramos un texto, la longitud de las frases y los gráficos que añadimos a los mensajes.

La primera cosa que hay que tener en cuenta con el tono del texto es que no todo el mundo se encuentra en el mismo lugar emocional que nosotros. Si pensamos en cuando nos sentamos a enviar un mensaje a nuestros amigos o familiares para informarles de algo, nos encontramos tranquilos y sin un montón de cosas que hacer.

Por otra parte, cuando ellos reciben el mensaje, puede que estén estresados. Esto cambiará la forma en la que interpretan tu tono. Cuando te encuentras en el mismo lugar que el receptor de tu mensaje, y además cuentas con tu lenguaje corporal y tono de voz, ellos percibirán el mismo ambiente, ya sea de ansiedad y presión, felicidad o cualquier situación intermedia.

El próximo problema es la respuesta. Una investigación llevada a cabo por Microsoft y Klaus demostró que la gente espera una respuesta a un correo electrónico en un plazo de veinticuatro horas (Sevilla, 2020), pero en lo que respecta a la atención al cliente y las ventas, era de tan solo cinco a diez minutos. Ahora, si una persona lee un mensaje y no responde, esto hace que quien lo escribe se ponga nervioso y asuma que hizo algo mal.

Dado que por naturaleza pensamos lo peor y estamos predispuestos a la negatividad, si un mensaje escrito es ambiguo, su lector buscará automáticamente emociones e intenciones negativas.

Contextualicemos. Envías un mensaje a tu pareja proponiéndole salir a cenar esa noche. Tuviste un buen día y no quieres que termine todavía. Podría responderte con un "sí" o un "¡sí!". Ambos significan lo mismo, pero puedes interpretarlos de formas muy distintas.

Si pronuncias las dos palabras en voz alta, puedes escuchar en tu propio tono que a "¡sí!" le falta entusiasmo en comparación con "¡sí!". La falta de energía te hace sentir que preferiría hacer otra cosa. También faltan las mayúsculas, lo que hace que te preguntes cuánto esfuerzo le habrá costado escribir correctamente esta breve palabra. Por último, el signo de exclamación después de "sí" expresa un sentimiento fuerte.

Si se puede extraer tanto de una sola palabra, imagínate de un texto completo.

Indicadores comunes en un texto o correo electrónico

Es difícil creer que los emoticones existan desde principios de los años ochenta. Los primeros utilizaban signos de puntuación para crear una cara sonriente o triste. Desde entonces se han producido grandes avances y hoy tenemos cientos de emojis para elegir que pueden cambiar el tono de la comunicación escrita.

También han aumentado las investigaciones sobre el uso de emoticones y emojis. Aquellos que son más expresivos tanto en la comunicación cara a cara como en la escrita tienden a utilizar más emojis. Las mujeres utilizan estas pequeñas imágenes con más frecuencia que los hombres.

¿Cuál es el poder de los emoticones y emojis en la comunicación escrita? Cuando un grupo de neurocientíficos analizó la actividad cerebral de personas que miraban distintos emojis, se observó actividad en el área que procesa las emociones. Paralelamente, no hay actividad en el área del cerebro que procesa el reconocimiento de rostros humanos. Cuando nos llega un emoticón o emoji, no lo relacionamos con la cara del remitente, sino más bien con la emoción que quiere transmitir.

Entendiendo este significado, empresas como Meta, propietaria de WhatsApp y Facebook, han incorporado ahora funciones que nos permiten responder a un mensaje simplemente con un emoji. No hace falta escribir lo feliz o enojado que te sientes cuando un símbolo lo dice todo.

Los GIF llevan los emojis a otro nivel. GIF es la abreviatura de Graphics Interchange Format (formato de intercambio de gráficos) y se trata de una serie de imágenes en un archivo. Los GIF no solo permiten expresar emociones y acciones, sino que hay personas que son capaces de mantener un intercambio de comunicación completo solo con GIF, y sus mensajes se interpretan con precisión. En la mayoría de los casos, los GIF se utilizan como los emojis, pero para causar más impacto.

Además de estas imágenes, existe el uso del paralenguaje en la comunicación escrita. Es difícil de entender, ya que el paralenguaje está relacionado con los sonidos que emitimos, pero en los textos y correos electrónicos estos sonidos se pueden traducir.

La mayoría de nuestros sonidos orales y de relleno, los "ummms" y los "arrhhhs", se teclean e incluso se amplían para dar énfasis. ¿Cuántas "h" necesitamos al final de "ohhh"?

Otro poderoso ejemplo es el uso que hacemos de las mayúsculas. Fíjate en las siguientes frases que un adolescente envió a sus padres sobre su hermano y las tareas domésticas.

1. Le DIJE que tenía que hacerlo.

2. Le dije a ÉL que tenía que hacerlo.

3. Le dije que ÉL tenía que hacerlo.

La utilización de las mayúsculas es similar al uso de la entonación en una frase hablada para enfatizar una palabra concreta. No olvides que los mensajes en mayúsculas parecen agresivos.

Por otra parte, la puntuación aporta una entonación silenciosa a nuestros textos y correos electrónicos. Ya se trate de una coma, un signo de interrogación o una elipsis, aportan pausas al lector y claridad al mensaje.

Pese a las estrictas normas gramaticales sobre el uso de los signos de puntuación, las investigaciones han demostrado que uno de los signos de puntuación más utilizados, el punto o punto final, demuestra falta de sinceridad. El signo de exclamación es en realidad un signo que parece más sincero.

Señales sociales virtuales

Antes de comenzar a analizar y, posiblemente, a pensar demasiado cada parte de la comunicación escrita, hay algunas cosas que conviene tener en cuenta. Por ejemplo, como ocurre con el lenguaje corporal y la comunicación verbal, debes tener una línea de referencia para que la gente entienda cómo se comunicaría normalmente por escrito.

Asimismo, algunas de nuestras señales virtuales pueden tener más de un significado. Es importante no concentrarse exclusivamente en estas señales, sino entender el mensaje completo y ponerlo todo en contexto. Y antes de suponer lo negativo, responder pidiendo una aclaración.

Los siguientes indicios son cosas que puedes buscar en la comunicación escrita de otras personas, pero también es buena idea que revises tus propios textos.

• Si alguien escribe de la misma forma en que habla, será más fácil leerle. Esto es así porque lo que ves es lo que obtienes, y un mensaje va a ser muy similar a escuchar a esa persona cara a cara.

• Si una persona está enojada o molesta, es probable que envíe mensajes cortos. Quizás el enojo no sea culpa tuya, pero te llevas la peor parte.

• Quienes utilizan más palabras de las necesarias para expresar sus ideas suelen estar contentos o sentirse bien, aunque, al igual que el enojo, puede que no sea contigo o con el tema. Llevarlo al extremo y ser excesivamente expresivo es una llamada de atención dramática.

• El humor genuino y la humildad apuntan a una persona que es directa y alguien en que probablemente puedas confiar.

• Con independencia de cómo alguien se sienta, quien esté obsesionado con la gramática correcta probablemente tenga problemas de control. Dicho esto, la comunicación escrita profesional siempre debería ser revisada en busca de errores.

• La taquigrafía y las abreviaturas indican dos cosas. En primer lugar, una persona podría estar simplemente apurada o tener una personalidad ligeramente caótica, lo cual se vería en su línea de referencia. Por otro lado, puede que sean egocéntricos, que se comuniquen poco como muestra de su superioridad y que te hagan trabajar más para leer el mensaje.

• Los mensajes formales podrían ser una señal de que alguien está tratando de causar una buena impresión y/o te ve como una figura de autoridad. Una vez más, cuando se trata de textos profesionales, es más común ver escritura formal, sobre todo en ventas.

• No le des demasiada importancia a los emojis. Algunas veces las personas usarán imágenes para expresar cómo se sienten, pero otras veces, las usarán para expresar su idea y no necesariamente un sentimiento. Un emoticón después de una discusión podría ser una forma de calmar la conversación, pero no significa que estén contentos.

• Los mensajes ofensivos nunca son aceptables. Los mensajes violentos, ofensivos y críticos proceden de un adulto que tiene una rabieta infantil. Es posible que el remitente esté realmente molesto, pero eso no es excusa para tener malas habilidades de comunicación.

Cuidado con sacar conclusiones si el mensaje lo envía alguien que no conoces. Muchas personas tienen dificultades para comunicarse por escrito. Puede que sean neurodivergentes o que el español sea su segunda lengua. Quizá tengan excelentes conocimientos técnicos, pero no dominen el tono.

Dedica un momento a repasar algunos de tus mensajes de ayer. Esta vez, trata de releerlos desde tu punto de vista, pero también desde el punto de vista de quienes los recibieron ¿Hay algo en tus mensajes que se haya podido malinterpretar? ¿Tus emojis concuerdan con tu estado de ánimo y tu tono? Continúa leyendo para descubrir cómo identificar mejor las emociones en la comunicación escrita.

Cómo mejorar la lectura de las emociones en un texto o correo electrónico

Al intentar leer las emociones en un texto escrito puede surgir un círculo vicioso. Supongamos que lees un mensaje y el tono te parece un poco regañón. Pero es porque tu jefe lleva todo el día encima de ti. Le respondes con un emoji de ojos en blanco seguido de un emoji de bostezo.

Un error fatal, porque es posible que el lector solo te estuviera enviando un recordatorio para ayudarte, pero ahora tu respuesta le ha molestado. Lo más seguro es que respondan a tus emojis con irritación. Si hay alguna regla a seguir en la comunicación escrita, es que no puedes enojarte por "cómo alguien dijo" algo porque todos tenemos percepciones e intenciones diferentes.

Es complicado porque con poca información, y con los niveles de estrés generalmente altos a los que todos estamos sometidos, supondremos que una persona está disgustada, aunque su mensaje no diga eso.

Tengo una amiga que termina cada mensaje con tres besos (xxx). Por lo general, puedes medir su estado de ánimo por el número de besos. Con dos besos está un poco enojada. Si no hay besos, se vuelve loca. Un día recibí un mensaje sin besos y me pasé una hora volviéndome loco preguntándome qué había hecho.

Finalmente, tuve que llamarla y se rio. Me estaba mandando un mensaje mientras salía corriendo por la puerta, con el café derramándose en la otra mano y pulsando enviar apresuradamente. En lugar de prestar atención al mensaje, supuse que estaba enojada.

Comienza por leer todos tus mensajes asumiendo que están escritos con buenas intenciones. Si no aparece una fila de signos de exclamación, un emoticón feliz u otro remate positivo, no significa que haya un problema.

Esto conduce a los prejuicios inconscientes que acostumbramos a tener a la hora de leer las emociones. La capacidad de una persona para descifrar emociones depende de sus propias características e incluso experiencias.

Si una mujer se olvida del cumpleaños de su marido y éste envía un mensaje a sus amigos, algunos de ellos supondrán que está enojado, mientras que sus amigas pensarán que está molesto. Esto se debe a un prejuicio inconsciente.

Por otra parte, una de sus amigas puede pensar que está enojado porque a ella le ha ocurrido lo mismo y sus sentimientos influyen en la forma en que interpreta el mensaje. Cuando se buscan emociones en la comunicación escrita, hay que dejar a un lado los sentimientos personales.

Obviamente, algunos mensajes tendrán señales contradictorias y pueden ser más difíciles de descifrar. Y es que muchas palabras comunes nos llevan automáticamente a crear imágenes positivas o negativas. Pongamos, por ejemplo, las palabras "trabajo" y "vacaciones". Relacionamos trabajo con emociones negativas y vacaciones con emociones positivas. Pero un mensaje como "Tengo que trabajar un poco en mis dos semanas de vacaciones" nos puede transmitir emociones encontradas.

En estos casos, es buena idea analizar todas las palabras del mensaje para determinar si hay más palabras asociadas a la positividad o a la negatividad.

Para terminar, recuerda la ciencia que hay detrás de las emociones. El cerebro no tiene pequeñas cajas que contengan ordenadamente cada emoción. Cuando sentimos ansiedad, no se abre únicamente la caja de la ansiedad. Las emociones no funcionan así, y lo más probable es que experimentemos más de una emoción a la vez. Esto es aún más cierto cuando se trata de emociones que parecen negativas.

Si alguien siente ansiedad, también puede sentir vergüenza, tristeza, miedo o una combinación de todas ellas. No todos tienen una inteligencia emocional bien desarrollada y esto implica que ni siquiera ellos pueden determinar con exactitud sus sentimientos.

Recuerda esto cuando vayas a leer en busca de emociones, porque saber cómo funcionan te ayudará a ver que un mensaje puede tener más de una emoción detrás.

Toma tu teléfono para ponerlo en práctica

No hay necesidad de esperar al siguiente correo electrónico o mensaje que recibas. Repasa los últimos correos o mensajes de un ser querido. Reléelos e intenta descifrar sus emociones en el momento de escribirlos. ¿Hay algo que podrían haber hecho para que el mensaje fuera más claro?

Después, vuelve a leer el mensaje y verifica los prejuicios o suposiciones que hayas podido hacer. Fíjate en el uso de tus emojis y los de otras personas para confirmar si el uso era para expresar un sentimiento o no. Y por último, piensa en cómo una respuesta diferente por tu parte podría haber llevado a un resultado distinto.

Acércate a esa persona y pregúntale si tus conclusiones sobre su tono eran acertadas o no. Recuerda que es posible que esa persona no haya reflexionado tanto como tú sobre ello.

Hay otra situación complicada a la hora de interpretar las señales sociales: cuando proceden de niños o adolescentes. Si eres capaz de descifrar su lenguaje no verbal, podrás llenar los vacíos entre lo que los niños o los jóvenes quieren decir y lo que tú entiendes de ellos.

CAPÍTULO SIETE: LECTURA DE SEÑALES NO VERBALES: EDICIÓN JUVENIL

Todas las personas nacemos con ocho emociones primarias, pero durante los primeros meses de vida, los bebés sienten interés, angustia, asco y felicidad. En los primeros cinco años de vida de un niño, su cerebro crece desde una cuarta parte del tamaño del cerebro de un adulto hasta el 90 por ciento. Se trata de un desarrollo enorme.

Durante este periodo, los niños observan a los adultos, y aprenden a expresar sus propias emociones y, con los modelos adecuados, comienzan a gestionar sus sentimientos. A esto contribuyen mucho las interacciones sociales, en especial las que se producen cuando comienzan la escuela y se inician en el desarrollo de amistades.

Pero se necesitan años para ser capaces de gestionar eficazmente las emociones y hablar abiertamente de cómo se sienten. Saber leer a los niños puede ayudarte a entender exactamente lo que les pasa cuando no pueden (o no quieren) decirte lo que realmente les ocurre. El problema es que la gente supone a menudo cómo se sienten los niños y, aunque uno los conozca mejor que nadie, no significa que esté en lo cierto.

Felizmente, investigadores de la Universidad Estatal de Carolina del Norte desarrollaron recientemente una herramienta que ayuda a los adultos a identificar con precisión las emociones de los niños pero, lo que es más importante, a reconocer los prejuicios que pueden tener respecto a cómo se sienten los niños.

La herramienta "Tarea PerCEIVED" corresponde a las siglas en inglés de Percepción de las Emociones de los Niños en Videos, Tarea Evolutiva y Dinámica. Varios adultos vieron videos de setenta y dos niños actores, de distintos géneros y etnias, que expresaban seis emociones diferentes.

Los resultados demostraron que los adultos no solo se equivocan con frecuencia al leer la emoción de un niño, sino que, además, acertar con una emoción no significa necesariamente que sean buenos reconociendo otras emociones. Uno de los prejuicios que más llamó la atención fue que los adultos tienden más a ver enojados a los niños afroamericanos (Science Daily, 2021).

Si para los adultos la regulación emocional es un reto, podemos imaginar cuánto más difícil es para los niños expresar sentimientos complejos cuando no tienen necesariamente el vocabulario suficiente para explicarlos. Si un niño está celoso, es posible que le arrebate un juguete a otro; si está preocupado, tal vez se encierre en su propio mundo.

El comportamiento inapropiado suele ser señal de emociones fuertes en los niños, pero, con la práctica, también podrás mejorar en la lectura de sus expresiones faciales y su lenguaje corporal.

La comprensión de las señales sociales de los niños

Existen algunas señales sociales que se observan en los niños, del mismo modo que en los adultos. Lo positivo es que adoptan una postura relajada y mantienen el contacto visual, pero hay que tener en cuenta que la capacidad de establecer y mantener el contacto visual se está desarrollando. Ayúdales a desarrollar esta habilidad reduciendo al mínimo las distracciones, como por ejemplo apagando la televisión cuando estés hablando con ellos.

Las señales de interés también incluirán inclinarse hacia ti, asentir con la cabeza y, por supuesto, sonreír. Pero lo contrario también es cierto. Los niños que se apartan de ti te están diciendo que algo no les gusta. La tensión en su cuerpo señala cierto grado de incomodidad y quizá te corresponda a ti averiguar de dónde procede.

Cuando un niño bosteza, es posible que supongas que se aburre y, en algunos casos, estarás en lo cierto. Esto también puede ser una señal de que está confundido, tal vez estás hablando demasiado y hay una sobrecarga de información. No obstante, si apoyan el mentón en el codo, es más probable que estén aburridos.

Otras señales sociales que se observan tanto en niños como en adultos son las expresiones faciales. El ceño fruncido, los ojos entrecerrados y los movimientos de cabeza son formas de expresar disgusto, frustración o enojo.

Los niños también muestran señales sociales que a los adultos "se les pasan". Un ejemplo perfecto es cuando sacuden los brazos. Es una señal de angustia y puede ocurrir en medio de una rabieta, cuando están asustados o cuando sienten dolor. Es su respuesta a la reacción de lucha, huida o inmovilización del cuerpo. En este momento de pánico, es posible que tengas la tentación de hablarle o preguntarle qué le pasa, pero en esta fase probablemente no pueda oírte ni responderte, ya que el sistema nervioso está muy alterado. El contacto físico puede ser más tranquilizador.

Una personita que te tira de la ropa o de cualquier parte de tu cuerpo puede resultar frustrante, pero se trata de su intento de llamar tu atención. Puede haber intentado otras formas de comunicarse y no haberlo conseguido, pero si está muy excitado, tiene hambre o se siente impaciente, está intentando decírtelo.

La mayoría de los niños pasan por una etapa de aferramiento. El hecho de aferrarse a ti como si su vida dependiera de ello o de enterrar la cabeza en tus piernas y brazos puede ser debido a la ansiedad por separación. Cuando le presentas a un niño alguien nuevo y mete la cabeza debajo de tu suéter, no es porque no le guste esa persona, sino porque le angustia que esa persona le mire.

Una vez dicho esto, cuando los niños huyen de ti o te empujan, no asumas que es porque no te quieren o ya no te necesitan. En realidad, es una muestra positiva de su independencia.

A veces, confundimos algunas señales sociales de los adultos cuando leemos a los niños. Los brazos cruzados no significan que un niño sea cerrado o que algo no le guste. Cuando los niños cruzan los brazos, es porque desean crear distancia entre ellos y algo de lo que desconfían o que les pone nerviosos.

Además, el hecho de que miren hacia otro lado o no mantengan el contacto visual no debe llevarnos a la conclusión de que mienten o traman algo. Lo más probable es que esto ocurra porque se avergüenzan de algo que han hecho o porque saben que han hecho algo mal.

Al niño le encanta imitar a sus padres y a otros adultos influyentes en su vida. Eso significa que, si captan ciertas señales sociales que no parecen tener sentido, puede valer la pena observar su propio lenguaje corporal para ver si proviene de ti.

Pero cuando los niños alcanzan una edad comprendida entre los siete y los nueve años, ya empiezan a estar más influenciados por los que les rodean. Pueden ser profesores, amigos y, por supuesto, cualquier cosa relacionada con la tecnología. Algunas de estas influencias serán positivas y otras no tanto. Es conveniente tener un punto de referencia antes de esta edad para detectar cambios.

Lo que los adolescentes realmente te dicen

Cuando tu hijo empieza a entrar en la adolescencia, te sientes como si te hubiera atropellado un autobús. Todos sabemos que la adolescencia es un reto, pero no muchos hablan de las dificultades a las que se enfrentan los padres. Los niños pequeños te cuentan todo sobre su día y no paran de hablar pero, de repente, te enfrentas a alguien que ya no quiere contarte nada.

A ello hay que añadir una avalancha de emociones diferentes debido a los cambios hormonales, y que necesitan tiempo para aprender a gestionar. Aunque los adolescentes no sepan o posiblemente no quieran que sepas cómo se sienten, a esta edad es fundamental que estés atento a cualquier señal de problemas antes de que se agraven.

Existen cuatro señales comunes que son bastante universales cuando se trata de adolescentes. La primera es una postura encorvada, que suele indicar infelicidad, estrés o ansiedad. También puede significar que se sienten cohibidos, lo cual es comprensible dados los cambios que está experimentando su cuerpo. En ocasiones, un adolescente puede estar encorvado porque está sumido en sus pensamientos, incluso cuando se siente satisfecho.

Un mal contacto visual también puede relacionarse con una baja autoestima, confianza y niveles de comodidad. Como es una habilidad que requiere práctica, y si sabes que tu hijo tiene problemas de confianza en sí mismo, intenta no darle demasiada importancia y, en lugar de eso, busca formas genuinas de elogiarle y animarle.

Hay adolescentes que te miran a la cara pero no a los ojos, lo que también indica problemas de confianza. Parece como si estuvieran cerca pero aún no lo estuvieran del todo. Si un adolescente no puede mantener el contacto visual, mira en dirección a tu cara o aparta la mirada de repente, es posible que esté mintiendo.

Otras maneras de saber si tu hijo adolescente está mintiendo incluyen tartamudear o utilizar muchas palabras de relleno como "uhh" y "umm". Es posible que trague más de lo habitual y que le cueste tragar.

Inquietarse puede ser otro indicio de algo que no es del todo cierto y, en cuanto a las señales verbales, puede que te dé una cantidad excesiva de información. Un adolescente no suele hablar demasiado, así que es posible que esté intentando explicarse para salir de una mentira.

La cuarta señal social más común entre los adolescentes es simplemente estar por ahí. Por ejemplo, si estás preparando la cena o doblando la ropa y él se queda merodeando por ahí, es posible que quiera entablar una conversación contigo pero no sabe cómo.

Si tu hijo muestra alguno de estos síntomas, la clave está en no regañarle. Es fácil regañarle para que se incorpore, pero regañarle sólo conseguirá impedir que hable contigo. En lugar de eso, intenta animarle a hablar.

Las situaciones en las que hay menos contacto visual, como cuando conduces, favorecen la conversación. Aunque te parezca que tu hijo no quiere hablar contigo, a menudo sí quiere. Pero no sabe por dónde empezar.

Como dedican gran parte de su tiempo a estudiar, también es útil leer el lenguaje corporal de un adolescente cuando está en modo "aprendizaje". Esto es válido tanto si están en clase como si están en su escritorio haciendo los deberes.

Lo primero que probablemente detectes es la postura. Si están desplomados sobre el escritorio o apoyan la cabeza en las manos, intentando no dormirse, no están concentrados. Si miras debajo de su mesa, puede que notes que golpea con los pies o mueve las piernas, lo que indica su aburrimiento o impaciencia.

En el aula, el contacto visual y las expresiones faciales pueden sugerir niveles de interés y compromiso. Si un alumno te mira y sus ojos brillan, es que está interesado. Los ojos que miran al techo, las paredes, las ventanas o el suelo suelen corresponder a un alumno desconcentrado.

De todos modos, fíjate en si el contacto visual desaparece cuando le haces una pregunta. Esto no suele deberse al aburrimiento, sino a que no quieren que les preguntes la respuesta. Una vez más, no asumas que este adolescente no estaba prestando atención, ya que podría deberse a su confianza.

Las señales sociales en las aulas también deben considerarse en su conjunto y no únicamente a nivel individual. Si toda la clase parece aburrida, es hora de cambiar de estrategia, aunque sea tan simple como moverse más por el aula.

Al examinar una clase en su conjunto, no hay que olvidar tener en cuenta las diferencias culturales. También existen algunos retrasos y trastornos sociales y de aprendizaje en los que el lenguaje corporal y las señales sociales de los niños pueden no ser los típicos.

Cuando la lectura de los niños es más compleja

Con independencia de su edad, hay niños que tienen problemas adicionales de regulación emocional, lo cual puede reflejarse en sus señales sociales. Por ejemplo, los niños autistas suelen presentar problemas adicionales en situaciones sociales. Algunos niños repiten comportamientos como dar golpecitos o mecerse. Otros hablarán de una afición o pasión, casi obsesivamente, y no reconocerán las señales sociales para dejar hablar a los demás.

Los niños con TDAH parecen más inquietos que los demás. Esto no tiene por qué deberse a que no les interese lo que se está hablando. Lo que ocurre es que su trastorno les impide prestar el mismo nivel de atención que los demás.

En el caso de los niños que presentan retrasos y trastornos sociales y de aprendizaje, es incluso más importante obtener una base sólida para comprender qué señales sociales son típicas en ellos, en vez de basarse en señales generales. Una vez dicho esto, lo mismo debería aplicarse a los adultos que tienen trastornos que pueden afectar a la forma en que leemos sus señales sociales.

¿Qué intentan decirte los pequeños seres humanos de tu vida?

No tienes que tener tus propios hijos para practicar su lectura, ni debes esperar a tener los tuyos. Tanto si trabajas con niños como si tus amigos o familiares tienen hijos, el hecho de saber leerlos puede mejorar mucho tu relación con ellos e incluso puede que les ayudes cuando otros adultos no puedan hacerlo.

La próxima vez que interactúes con un niño o un adolescente, fíjate más en lo que te dice su cuerpo que en sus palabras. Comprueba si tus observaciones son correctas basándote en lo que has aprendido en este capítulo.

Uno de los beneficios más útiles de las habilidades de lectura de personas es poder detectar si alguien -ya sean adultos, niños o adolescentes- está mintiendo. Si bien apenas hemos tocado el tema de los adolescentes, hay muchas más señales sociales que te resultarán muy valiosas. Si eres capaz de interpretar con precisión las señales sociales, podrás detectar las mentiras como cualquier otro detective.

CAPÍTULO OCHO: EL PODER DE LAS SEÑALES: CÓMO SABER SI ALGUIEN ESTÁ MINTIENDO

El hecho de mentir puede provocar una gran variedad de reacciones emocionales. En ocasiones, la gente miente con la esperanza de protegernos o agradarnos. Como por ejemplo, decirle a alguien que te encanta lo que cocina. Las denominadas mentiras piadosas se utilizan para crear magia para nuestros hijos con personajes como Papá Noel y el Ratoncito Pérez. Aunque, técnicamente, siguen siendo mentiras, están socialmente aceptadas.

Después están las mentiras que rompen corazones, destruyen la confianza y causan daños irreparables. Esas mentiras son peores porque la persona que las recibe a menudo no sabe que le están mintiendo. Cuando finalmente se descubre la verdad, la persona se siente aún más estúpida por no haberse dado cuenta del engaño.

El motivo de las mentiras puede ser complejo o extraño. Aunque parece haber pocas razones para mentir sobre una película, ¡el 30% de la gente miente sobre El Padrino! En promedio, los estadounidenses mienten once veces por semana, pero en enero esta cifra se dispara. Durante el primer mes del año, decimos la escandalosa cifra de 217 mentiras, unas siete al día.

Se miente más por escrito que cara a cara. En los mensajes de texto se mienten tres veces más que en una conversación oral, y en los correos electrónicos cinco veces más. Puede que, independientemente de su capacidad para detectar mentiras, los demás tengan la paranoia de ser descubiertos. A menos, claro está, que tengas barba. Según algunos estudios, las personas con barba son percibidas como más dignas de confianza (Greenspan, 2018). Habiendo dicho esto, la elección del vello facial también puede depender de una determinada moda, incluso de la cultura.

Desafortunadamente, los humanos no somos muy buenos detectando una mentira. Esto es porque a menudo hacemos suposiciones. Asumimos que quienes nos importan dicen la verdad, pero también juzgamos a los demás basándonos en nuestras propias ideas de lo que se considera apropiado. Más que en suposiciones y juicios, deberíamos confiar en nuestra capacidad para leer a las personas.

Dominio de la línea de referencia

Al comienzo del libro, hablamos de la línea de referencia, pero pongámosla en contexto en relación con las mentiras. Necesitas asegurarte de que tu línea de referencia original no se tomó cuando la persona no estaba siendo honesta. Tal vez en ese momento no tenías mucha confianza en tus habilidades para leer a las personas y ahora es el momento de obtener una nueva línea de referencia con tus habilidades recién adquiridas.

Sin importar de quién quieras obtener una línea de referencia, necesitas sentarte y tener una conversación con ellos, una en la que no sientan la necesidad de mentir. Esta conversación debe ser de carácter general, neutral y sin tensión. Por ejemplo, puedes hablar de lo que quieren hacer el fin de semana, de lo que les gustaría cenar o del buen tiempo.

Durante la conversación, fíjate en su comportamiento. ¿Qué suelen hacer con las manos? ¿Son de los que mueven los brazos y las piernas con naturalidad al hablar o tienden a quedarse quietos? A continuación, presta más atención a su rostro y al contacto visual que establecen. Fíjate en los cambios de expresión facial cuando hagas comentarios, como signos de interés o aburrimiento. Por último, no olvides prestar atención al tono de su voz, la velocidad con la que hablan y su respiración.

Aunque parezca mucho, también puedes prestar atención a su lenguaje. Algunas personas son más expresivas por naturaleza y dan muchos detalles. Hay que tener en cuenta los complementos, los pronombres y las contracciones, que explicaremos más adelante.

Solo cuando conozcas a fondo la línea de referencia de una persona podrás detectar los cambios repentinos que podrían indicar que está mintiendo.

Señales de alerta

Por mucho tiempo, numerosos expertos creyeron que la dirección en la que alguien miraba era suficiente para saber si estaba mintiendo. Si una persona diestra miraba hacia la derecha, indicaba que había actividad en el hemisferio derecho del cerebro y viceversa.

Como el hemisferio derecho del cerebro se ocupa de la creatividad, se sugería que la persona estaba siendo creativa con sus palabras... o mintiendo. Mientras que el hemisferio izquierdo del cerebro está asociado a la lógica y, por tanto, a la verdad.

Este mito surgió a partir de una investigación realizada en los años 70 y 80 que analizaba la dirección de los ojos y los recuerdos grabados en comparación con los recuerdos generados. Con el paso de los años, la gente creyó que los recuerdos grabados eran auténticos y los generados, mentiras.

El mito se ha derribado, pero los ojos siguen revelando algunos detalles. En realidad, son las manos las que pueden decir más sobre el nivel de honestidad de alguien.

Manos

Durante tus conversaciones de referencia, es posible que hayas notado gestos con las manos mientras la persona hablaba. Cuando alguien miente, es más probable que haga gestos con las manos antes o después de su declaración. Esto es porque el cerebro está demasiado ocupado creando la historia como para acordarse de enviar señales a otras partes del cuerpo para que se muevan.

Un estudio realizado por la Universidad de Michigan descubrió que las personas que mienten son ligeramente más propensas a gesticular con ambas manos que con una. Mientras miraban videos de los medios de comunicación, observaron que las personas movían ambas manos en el 40 % de los videos en los que mentían y en el 25 % de los que decían la verdad (Universidad de Michigan, 2015).

Si no están usando ambas manos, es posible que notes que una persona usa su mano no dominante. Cuando alguien usa palabras fuertes, el cuerpo, en un intento de ser honesto, trata de filtrar el engaño, y esto se ve con la mano no dominante en uso. Puedes fijarte en el discurso de Bill Clinton "No mantuve relaciones sexuales con esa mujer" para comprobarlo.

Fíjate en las personas que ocultan inconscientemente las palmas de las manos. Es posible que retiren las manos por completo de la vista o que simplemente tengan las palmas mirando hacia otro lado. Literalmente, es como si trataran de ocultarte algo.

Ojos

Hay dos indicios principales que delatan una mentira, lo que constituye una razón más para que la línea de referencia sea lo más precisa posible. Uno de ellos es que hay mucho movimiento y el otro es que no lo hay.

Cuando algunas personas mienten, sus ojos se mueven a izquierda y derecha, arriba y abajo, como si buscaran una respuesta. A menudo hay una expresión de miedo porque temen responder y ser descubiertos. Además, se pueden ver los ojos más abiertos y el blanco más visible. Otro movimiento ocular es apartar repentinamente la mirada; la dirección es irrelevante.

Por otra parte, el mismo estudio de la Universidad de Michigan descubrió que el 70% de las personas miran fijamente cuando están mintiendo. Presta atención a una mirada fría cuando una persona intenta intimidarte. Alguien puede mirarte fijamente pero parpadear rápidamente cuando está mintiendo. Esto es así porque decir una mentira es más estresante que decir la verdad y parpadear es un signo de nerviosismo.

A veces, los ojos pueden delatar no necesariamente una mentira, sino una emoción que una persona intenta ocultar. Esto sucede especialmente con la confianza. Si una persona se siente realmente cómoda y segura de sí misma, se notarán patas de gallo en las esquinas exteriores de los ojos. Si no hay arrugas alrededor de los ojos, es posible que la persona esté fingiendo confianza.

Boca

La mayoría de las señales alrededor de la boca se producen por el intento de evitar revelar cualquier información. Cuando alguien frunce los labios hasta el punto de que apenas se le ven, puede tratarse de una mentira por omisión. Quizá la persona no esté mintiendo, pero está ocultando información. Tiene la capacidad de distorsionar una situación y, seamos sinceros, sigue siendo bastante engañoso.

Los labios fruncidos son también una señal de que alguien podría estar ocultando sus emociones en lugar de simplemente los hechos. En realidad, es un reflejo instintivo, así que no des siempre por sentado lo peor. Es posible que algunas personas no quieran participar en la conversación.

A veces, el lenguaje corporal es menos sutil. Llevarse rápidamente la mano a la boca indica sorpresa, pero si la acción es más lenta y se combina con una pausa antes de hablar, lo siguiente que digan podría ser mentira. Taparse la boca es otra forma de impedir hablar y retener información.

Desde el punto de vista psicológico, taparse la boca puede ser una forma de distanciar la fuente de la mentira (la boca) de uno mismo. Como este gesto es más obvio, quizá notes que la gente intenta disimular su mentira; por ejemplo, se frotarán o rascarán la nariz para intentar ocultar que se tapan la boca.

Microexpresiones

Tomémonos un momento para repasar rápidamente las microexpresiones en el contexto de la detección de mentiras.

Como al mentiroso le suele preocupar que le descubran, la microexpresión más frecuente es el miedo. La boca se abre, las cejas se levantan y se juntan ligeramente. Los párpados superiores también se levantan y se arruga la frente.

Una vez más, no todos quieren engañarte. Algunas personas reprimirán sus emociones, bien como forma de autoprotección, bien con la esperanza de protegerte. Pero lo cierto es que sus emociones siguen siendo falsas y pueden dificultar enormemente la eficacia de la comunicación. Para reconocer las emociones falsas, fíjate en las microexpresiones asimétricas, ya sean de miedo o de otro tipo.

Las microexpresiones no son voluntarias y deben compararse con la línea de referencia de la persona. Un solo gesto, como las arrugas de la frente, no puede considerarse una mentira. Una microexpresión combina varios gestos, por eso es importante que prestemos atención a todo el rostro.

Piel y complexión

Hay algunas personas que se ponen visiblemente más pálidas cuando mienten. Prácticamente se puede ver cómo se les va la sangre de la cara. Otras, sobre todo las mujeres, se sonrojan después de decir una mentira. Es otra acción involuntaria provocada por el sistema nervioso simpático y la respuesta al modo de lucha, huida o congelación. Se libera un torrente de adrenalina que enrojece las mejillas. La deglución y el parpadeo adicionales pueden hacer que la persona parezca tener la boca seca, o incluso los ojos secos.

El sistema nervioso simpático es parte del sistema nervioso autónomo. Los cambios en el sistema nervioso provocados por la mentira pueden hacer que una persona sude más, especialmente alrededor de la zona T de la cara, a través de la frente, por la nariz y hacia el labio superior.

Aunque no esté relacionado con la piel o el cutis, el sistema nervioso autónomo también puede provocar inquietud y picazón. Este sistema es crucial para la regulación de nuestra función corporal y las fluctuaciones pueden provocar más picazón, balanceo y movimientos de lado a lado. La ansiedad y la decepción dilatan ligeramente los capilares nasales, por lo que es frecuente ver a la gente rascarse la nariz.

Postura y posición

No necesariamente la posición de una persona delatará la mentira, sino más bien cualquier cambio repentino. Desde la línea de referencia, te darás cuenta de cuál es el nivel cómodo de espacio personal para una persona.

Si observas que de repente se echa hacia atrás o retrocede un paso mientras habla, puede que no esté diciendo la verdad. Este espacio adicional es una forma de crear distancia porque no se sienten cómodos con la mentira que están diciendo.

Seguidamente, fíjate en los pies. Unos pies que se mueven o que bailan indican que la persona quiere alejarse rápidamente, otra señal de que se siente incómoda.

El cambio de equilibrio de un pie a otro indica que la persona se siente desequilibrada.

A causa de la tensión que supone mentir, la gente suele tocarse la cara como forma de tranquilizarse.

En ocasiones, el lenguaje corporal nos permite saber lo acostumbrada que está una persona a mentir. Alguien que se agacha y trata de parecer más pequeño puede estar más avergonzado de su mentira.

Quienes son capaces de mantener una expresión facial fría como la piedra, pero gesticulan más con los brazos y las manos, pueden ser personas con más práctica.

Tono y relleno vocal

Como consecuencia de los cambios en el sistema nervioso autónomo y de la sequedad de boca, es probable que la gente se aclare la garganta con más frecuencia de lo normal.

Las mentiras pueden hacer que las personas se sientan nerviosas y, cuando esto ocurre, los músculos de las cuerdas vocales se tensan, otro motivo por el que pueden necesitar aclararse la garganta.

Escucha la voz de una persona en busca de un tono más alto o un ligero crujido en la voz. Otros pueden empezar a hablar más alto porque se sienten a la defensiva.

El mismo estudio de la Universidad de Michigan también descubrió que las personas que mienten tienden a utilizar más palabras de relleno.

Un aumento en el uso de "uhhs" y "umms" puede ser debido a que una persona está tratando de ganar tiempo para averiguar qué decir a continuación o cómo salir de una situación.

Por supuesto, también es posible que estén pensando.

Cuando se trata de averiguar si alguien está mintiendo, conviene no confiar únicamente en el lenguaje corporal, especialmente en las primeras etapas de la lectura de las personas.

Escuchar más atentamente lo que dice la gente para descubrir la verdad tiene sus ventajas.

Señales verbales al mentir

Si bien el objetivo principal de este libro es comprender la forma de leer el lenguaje corporal de las personas, saber detectar una mentira es todo un reto. Por esta razón, incluimos una breve sección sobre las señales verbales que pueden ayudarte a confirmar lo que ves.

La cantidad y el contenido son los primeros lugares donde hay que buscar las mentiras. Paradójicamente, quienes utilizan la palabra "honestamente" y otras expresiones que la incluyen, son más proclives a mentir. Esto constituye un intento de demostrar exageradamente su inocencia.

El compartir demasiada información o hablar continuamente también pueden ser indicadores de que se está mintiendo. Las personas creen que dar más información de la que se les pide es una muestra de su sinceridad. Esto puede funcionar en su beneficio. Hay ocasiones en las que la verdad se escapa y la persona tiene que intentar tapar su mentira.

Presta atención a cosas como "Oh, quería decir" o "En realidad" cuando las personas interrumpen su propio hilo de pensamiento y discurso. Asimismo, podrás advertir que la historia de una persona carece de una secuencia lógica de acontecimientos y que algunas palabras y frases se repiten.

Se han llevado a cabo investigaciones acerca de las señales verbales y las mentiras. La Universidad de Texas descubrió que los mentirosos emplean menos pronombres en primera persona para evitar la propiedad y crear distancia. Fíjate en los mensajes en los que las frases no comienzan por "yo" (Frothingham, 2021).

Dado que los mentirosos suelen estar ansiosos o nerviosos, se pueden detectar estas emociones por un mayor uso de palabras negativas tales como "odiar", "triste" y "deprimido". A la inversa, puedes notar menos palabras excluyentes (pero, esperar, ni, etc.), pues se esfuerzan por diferenciar lo que sucedió y lo que no sucedió.

Es imprescindible que escuches y observes para buscar inconsistencias o confirmar tus sospechas. Un buen ejemplo de inconsistencias es cuando la persona acentúa cosas con la cabeza que contradicen las palabras que salen de su boca. Si alguien dice que no lo hizo pero mueve la cabeza arriba y abajo, lo más seguro es que confíes más en el gesto que en las palabras reales. Nuevamente, te darás cuenta de esto si observas a Bill Clinton negando su aventura.

Tres en uno

Seguramente te habrás dado cuenta de que en este capítulo (y en el libro) ha habido muchos "puede", "quizás" y "podría" en vez de "alguien lo hará". Esto es así porque no puedes limitarte a mirar a una persona, detectar una bandera roja y asumir que está mintiendo.

Si a alguien le sudan las manos e intenta esconderlas, puede preocuparle que el entrevistador esté a punto de detectar una mentira en su currículum. Por otro lado, podría estar pasando por graves apuros económicos y la necesidad de conseguir el trabajo hace que se sienta excesivamente nervioso.

Si una persona habla más de lo habitual, también podría estar mintiendo. Sin embargo, también hay que tener en cuenta que podría haber estado solo durante mucho tiempo y, por fin, en compañía de otro ser humano, siente el impulso de hablar sin parar.

Ahora bien, si alguien retrocede, muestra una microexpresión de miedo y empieza a moverse nerviosamente con los pies, este conjunto de banderas rojas es un indicio más claro de que la persona está mintiendo. No olvides comparar estas banderas rojas con la línea de referencia del individuo antes de sacar conclusiones precipitadas.

Una última cosa que debes recordar es confiar en tus instintos. Lamentablemente, lo más probable es que todos hayamos sido heridos por alguien que nos ha mentido. Piensa en cómo te sentiste físicamente cuando esa persona no fue sincera contigo. ¿Te sentiste mal? ¿Sentiste presión en el pecho? ¿Notaste que tu cuerpo empezaba a temblar? Todas éstas son señales de que tu cuerpo está intentando decirte que algo no va bien. Si observas banderas rojas junto con síntomas físicos, convendría que hicieras caso a tus instintos.

Recapitulemos las banderas rojas de las mentiras en los siguientes puntos.

• Manos: Mayor número de gestos con las manos, uso de ambas manos, uso de la mano no dominante, ocultación de las palmas.

• Ojos: Movimiento de los ojos, desviación repentina de la mirada, mayor visibilidad del blanco, mirada fría.

• Boca: Fruncir los labios, taparse los labios o la boca, taparse la boca con algo para disimular (tocarse o rascarse la nariz)

• Microexpresiones: Cejas y párpados levantados, cejas juntas, arrugas en la frente, boca abierta, microexpresiones asimétricas.

• Piel y tez: Piel más pálida, mejillas sonrojadas por la adrenalina, picor de nariz más sudor en la zona T, boca u ojos secos

• Posición y postura: Inclinación o alejamiento, pies inquietos, alteración del equilibrio, gestos autocalmantes como tocarse la cara.

- Tono y rellenos vocales: Tono más alto, voz más alta, uso extra de rellenos como "umm" y "uhh".

- Señales verbales/escritas: Hablar en exceso, frases con "honestamente", "en realidad" o "quise decir", menos pronombres en primera persona y palabras excluyentes, y más palabras negativas.

Como tendemos a inclinarnos por lo negativo, nos resulta fácil suponer lo peor, detectar un par de señales de alarma y llegar a la conclusión de que una persona miente.

El Dr. Paul Ekman es indudablemente uno de los mayores expertos en emociones humanas y expresión no verbal, y ha contribuido enormemente a nuestra comprensión del engaño. A pesar de sus conocimientos y experiencia, él no se considera un detector de mentiras humano.

Cree que, aunque hay mucho que aprender y somos capaces de decidir con mayor precisión si alguien miente o no, el lenguaje corporal no es suficiente para afirmar con seguridad que alguien está mintiendo.

Una forma divertida de practicar tus habilidades para detectar mentiras

Por supuesto, observar a los demás te ayudará a desarrollar tus habilidades para detectar mentiras pero, siendo honestos también con nosotros mismos, es necesario algo de autorreflexión y autoconciencia cuando no estamos siendo sinceros.

Por otra parte, existe un divertido juego llamado Dos verdades y una mentira al que puedes jugar con alguien. La persona tiene que decirte tres frases y sólo dos son verdad. Presta atención a la persona con la que juegas en busca de banderas rojas en lugar de intentar analizar lo que dice.

El aprender a leer a la gente no es algo aparte de la comunicación, ¡es parte de ella! Leer a las personas y detectar señales de mentiras, falsas emociones o contención no es el resultado final. Hay que utilizar estas habilidades para mejorar la comunicación y disponer de las herramientas necesarias para descubrir más sobre lo que realmente está pasando.

CONCLUSIÓN

Cuando alguien nos envía señales contradictorias durante la comunicación, ocurren muchas cosas y rara vez son buenas. La primera duda que nos asalta es si realmente podemos confiar en esa persona. Si bien las experiencias pasadas influyen en nuestra capacidad para confiar, no nos ayuda tener esa sensación de que alguien nos oculta algo.

Lo siguiente que puede ocurrir es empezar a sentirnos aislados y rechazados. Todos queremos sentirnos parte de un grupo; es la naturaleza humana. Pero cuando la capacidad de leer a la gente no es exactamente como debería ser, se produce una gran sensación de desconexión. Es más fácil retirarse que ponerse en situaciones en las que lo único que sentimos son dudas sobre nosotros mismos.

A menudo escucho a la gente decir que les gustaría tener la capacidad de leer la mente de las personas para entender exactamente lo que están pensando. Los escáneres de resonancia magnética nos han permitido obtener una imagen más clara de la actividad cerebral y las emociones, pero mientras no andemos por ahí con escáneres de resonancia magnética continuamente proporcionando información a los demás, tendremos que confiar en otro tipo de ciencia: la kinésica.

En un nivel muy básico, necesitamos entender los beneficios de la kinésica, o lectura de las personas, partiendo de dos puntos de vista. Lo que has descubierto en este libro te ayudará a comprender mejor cómo se sienten realmente las personas. A veces, éstas ni siquiera son conscientes de sus propias emociones; otras veces, no se sienten lo bastante cómodas hablando de sus sentimientos. Hoy en día, aún existen muchas normas sociales que nos impiden expresar quiénes somos.

La segunda ventaja crucial es que ahora serás más consciente de tu propio lenguaje corporal y de las señales sociales, además de cómo pueden afectar a la respuesta de los demás y a cómo te ven.

El resultado final es que ambas partes de una conversación pueden entender perfectamente el mensaje hablado y las pistas que suelen ocultarse tras las palabras. Gracias a la observación, podrás llevar las conversaciones a un nivel más profundo, lo que repercutirá profundamente en tu vida personal, social y profesional.

Recientemente, hablaba con una persona a la que habían vuelto a llamar al médico por unos "resultados preocupantes". Como conocía bien su estado de salud, sabía que no había mucho que le preocupara. Es una persona enérgica que ve en los obstáculos una forma de desafiarse a sí misma. Incluso en esta conversación, las palabras que pronunció coincidían con su actitud habitual ante la vida.

Con frecuencia, cuando una persona se nos acerca con un problema, queremos intervenir y ofrecer una solución, quizá no siempre escuchando activamente lo que se dice. Otras veces, imitamos inconscientemente su lenguaje corporal. En el caso de mi amiga, hubiera copiado su energía y positividad.

Pero al dar un paso atrás y observar lo que decía su lenguaje corporal, me di cuenta de lo que realmente estaba pasando. La primera cosa que me llamó la atención fue lo abiertos que tenía los ojos, una señal clásica de miedo. Hablaba más rápido de lo normal, lo que me preocupaba porque, por su forma de hablar, sabía que hablaba más rápido que la mayoría. Luego estaba su sonrisa. Tenía las comisuras de los labios levantadas, pero las cejas ligeramente más bajas de lo normal: estaba triste, pero intentaba esbozar una sonrisa para mostrar que estaba bien.

Ese era mi triple factor, mi grupo. Una sola señal nunca es suficiente para indicar el verdadero mensaje que una persona quiere transmitir. Pero ese paso atrás decisivo fue suficiente para darme cuenta de que mi amiga, aunque probablemente por autoconservación, no estaba comunicando exactamente lo que le pasaba.

Si no hubiera percibido esas señales, podría haber cometido el error de copiar su falso positivismo. En cambio, le recordé que todo el mundo tiene derecho a sentir lo que quiera y a hacer suyos esos sentimientos. Y fue entonces cuando se abrió.

Dado el alcance del lenguaje corporal y las posibles diferencias, es imposible crear una única guía que revele todas las respuestas. El lenguaje corporal es demasiado complejo para eso. Si solo tomamos los ojos como ejemplo, podemos ver lo esencial que es practicar continuamente la habilidad de leer a las personas.

Se ha insistido mucho en el contacto visual y su importancia. Si se mira demasiado, se considera dominante; si se mira poco, parece que falta confianza. Si parpadeas muy rápido, puedes sentirte incómodo o estresado. Pero como la mentira aumenta el estrés, podrías estar parpadeando demasiado a causa de la falta de honestidad. Si alguien te mira fijamente, tal vez esté enojado, tal vez esté mintiendo, o puede que se sienta atraído por ti, pero se equivoque en el resto de las señales. Los ojos entrecerrados pueden indicar que una persona no está de acuerdo con lo que dices, pero también que simplemente se le han olvidado los anteojos.

Esto no significa que no tenga sentido practicar estas habilidades. Pero es normal que, al principio, la idea de leer cada parte del cuerpo y tener tantas variantes resulte abrumadora. Por supuesto, si entrases en una habitación de completos desconocidos, estarías perdido asimilando todo el lenguaje corporal, más aún si no has sido tan consciente antes.

Te sorprenderá lo buenas que ya son tus habilidades para leer a las personas con tan solo observar a alguien cercano. Aunque no te hayas sentado nunca a observar los gestos de esa persona, te harás una buena idea de cómo interactúa físicamente y de cuándo no se siente ella misma. Ahora, la diferencia es que, en lugar de limitarte a notar los cambios, entenderás por qué se producen.

Una vez que empieces a detectar lo que te dice el lenguaje corporal de tu ser querido, te resultará menos desalentador cuando te enfrentes a otras situaciones sociales, ya sea con contactos cercanos o con nuevos conocidos.

No olvides que, aunque queremos observar las expresiones faciales, las microexpresiones, las extremidades y la postura, la lectura eficaz de las personas tiene que ver con el panorama general. Eso incluye la distancia social, el tono de voz, el paralenguaje y el tacto físico. Y, por encima de todo, hay que contextualizar.

La cultura desempeña un papel muy importante en la lectura del lenguaje corporal. Lo que puede ser "normal" para ti en términos de espacio personal y contacto físico puede ser muy diferente para alguien de otra parte del mundo. La edad y las relaciones también influyen.

Las señales sociales que percibes de tus padres no serán las mismas que las de tu jefe, y viceversa. El motivo es que la relación con tus padres será más relajada y cómoda que la que tienes con tu jefe, al menos en la mayoría de los casos. Leer el lenguaje corporal de niños y adolescentes puede ser más difícil que observar el de los adultos porque, en la mayoría de los casos, su inteligencia emocional no está al mismo nivel.

Algunas afecciones, como el trastorno del espectro autista (TEA) y el trastorno por déficit de atención con hiperactividad (TDAH), son solo dos ejemplos de situaciones en las que el lenguaje corporal y la lectura de las señales sociales resultan más difíciles. Si bien estamos acostumbrados a relacionar estos trastornos con los niños, hay muchos adultos que intentan lidiar con sus síntomas. Además, hay muchos adultos que no han sido diagnosticados. No es posible interpretar a estas personas del mismo modo que a un adulto normal.

Siempre hay que volver a estos puntos cruciales y fundamentales: la línea de referencia, los grupos y el contexto.

Después de entender todo, desde las cejas hasta los pies, y las posibles pistas que cada parte del cuerpo podría estar señalando, ahora es el momento de tomar ese aprendizaje y aplicarlo a las personas de tu vida. Es el momento de mirar a la persona en su totalidad para no confundir un gesto con otros posibles significados. Finalmente, se trata de asegurarse de que lo que has descubierto hasta ahora encaja en el contexto. Puede resultar sorprendente ver cómo una persona cambia de un contexto a otro.

A partir de aquí, no se trata de abandonar las palabras que escuchas. Por el contrario, tu tarea consiste ahora en escuchar plena y activamente, y esto significa asimilar lo que se dice y todos los pequeños detalles que la persona revela. Es abandonar los posibles prejuicios y suposiciones que puedan existir y observar, incluso absorber, todo lo que tienes delante. Al cabo de poco tiempo, no solo serás tú quien aprecie la diferencia.

Aunque parezca increíble, esta diferencia es posible en cuestión de días. En este breve espacio de tiempo, me gustaría pedirte una cosa. Los autores dependemos de las reseñas para seguir escribiendo contenidos que sean valiosos para los lectores. Una reseña en Amazon, por breve que sea, me ayudará a comprender mejor qué necesitan los lectores para mejorar sus habilidades de comunicación y fortalecer sus relaciones.

Pero las reseñas en Amazon van más allá de la necesidad de los autores. Al compartir tus opiniones, la información que has descubierto y los cambios que la lectura de las personas ha supuesto en tu vida, otros se darán cuenta de que ellos también tienen a su alcance las mismas posibilidades. ¡Nunca se sabe, puede que ahora tengas las habilidades necesarias para leer sus reseñas y descubrir lo ciertas que son sus palabras!

REFERENCES

Admin, H. (2020, December 12). *Identifying Emotion in Emails*. Humintell | See What You've Been Missing. https://www.humintell.com/2016/09/identifying-emotion-in-emails/

APA Dictionary of Psychology. (n.d.). https://dictionary.apa.org/nonverbal-communication

Barker, E. (2017, May 4). *How to read people: Five secrets backed by research*. Observer. https://observer.com/2016/07/how-to-read-people-5-secrets-backed-by-research/

Edwards, V. van. (2022, May 24). *Decoding vocals – 21 cues of paralanguage & prosody to know*. Science of People. https://www.scienceofpeople.com/paralanguage/

Erickson, A. (2017, April 24). *What 'personal space' looks like around the world*. Washington Post. https://www.washingtonpost.com/news/worldviews/wp/2017/04/24/how-close-is-too-close-depends-on-where-you-live/

Frothingham, M. B. (2021, November 23). *How to recognize the signs that someone is lying*. https://www.simplypsychology.org/how-to-tell-if-someone-is-lying.html

Gorvett, Z. (2017, April 10). *There are 19 types of smile but only six are for happiness*. BBC Future. https://www.bbc.com/future/article/20170407-why-all-smiles-are-not-the-same

Greenspan, S. (2018, March 16). *11 true facts about lying*. 11 Points. https://11points.com/11-true-facts-lying/

Heggie, B. (2019, May). *The healing power of laughter*. NIH. https://www.ncbi.nlm.nih.gov/pmc/articles/PMC6609137/

How to Better Understand Facial Expressions. (2021, March 30). Verywell Mind. https://www.verywellmind.com/understanding-emotions-through-facial-expressions-3024851

How to Read Body Language: 10 Ways to Recognize Nonverbal Cues - 2023. MasterClass. https://www.masterclass.com/articles/how-to-read-body-language

Kwon, K., Shipley, R. J., Edirisinghe, Ezra, D. G., Rose, G., Best, S. M., & Cameron, R. E. (2013, August 6). *High-speed camera characterisation of voluntary eye blinking kinematics*. NIH. https://www.ncbi.nlm.nih.gov/pmc/articles/PMC4043155/

Merriam-Webster. (2022). *Read (someone) like a book*. The Merriam-Webster.com Dictionary. https://www.merriam-webster.com/dictionary/read%20%28someone%29%20like%20a%20book

mindbodygreen. (2021, June 28). *How To Actually Read People: 9 Tricks From Body Language Experts.* Mindbodygreen. https://www.mindbodygreen.com/articles/how-to-read-people

Mortel, H. (2023, January 3). *14 Things The Colors You Wear Say About You.* The Kewl Shop. https://www.thekewlshop.com/blogs/news/14-things-the-colors-you-wear-say-about-you

Morris, P. (2019, November 6). *15 fascinating facts on voice.* Loud & Clear! - Voice Coach | Voice Training | Presentation Training | Motivational Speaking. https://www.loudandclearuk.com/15-fascinating-facts-voice/

NERIS Analytics Limited. (2020, January 31). *Uncloaking the mysteries of body language and personality types.* 16 Personalities. https://www.16personalities.com/articles/uncloaking-the-mysteries-of-body-language-and-personality-types

Nonverbal Communication and Body Language. (n.d.). HelpGuide.org. https://www.helpguide.org/articles/relationships-communication/nonverbal-communication.htm

Novotney, A. (2019, May). *The risks of social isolation.* APA. https://www.apa.org/monitor/2019/05/ce-corner-isolation

O'Grady, C. (2021, March 1). *When should you end a conversation? Probably sooner than you think.* Science.org. https://www.science.org/content/article/when-should-you-end-conversation-probably-sooner-you-think

Paler, J. (2023, January 18). *How to read people like a pro: 17 tricks from psychology.* Hack Spirit. https://hackspirit.com/how-to-read-people/

Prigg, M. (2012, November 13). *Trusting your instincts really does work, say scientists.* Mail Online. https://www.dailymail.co.uk/sciencetech/article-2231874/Trusting-instincts-really-does-work-say-scientists.html

Science Daily. (2021, November 2). *New tool assesses how well people read kids' emotions.* ScienceDaily. https://www.sciencedaily.com/releases/2021/11/211102111153.htm

Sevilla, C., & Sevilla, C. (2020, July 7). *Email response times: How to measure and why it matters.* Email Meter. https://www.emailmeter.com/blog/measure-email-response-times

University of Michigan. (2015, December 10). *Lie-detecting software uses real court case data.* University of Michigan News. https://news.umich.edu/lie-detecting-software-uses-real-court-case-data/

Van Edwards, V. (2022, April 7). *Here are the biggest signs that someone is lying to you, according to a body language expert.* CNBC. https://www.cnbc.com/2022/04/07/want-to-tell-if-someone-is-lying-to-you-a-body-language-expert-shares-the-biggest-signs-to-look-for.html

Wargo, E. (2006, July 1). *How many seconds to a first impression?* Association for Psychological Science - APS. https://www.psychologicalscience.org/observer/how-many-seconds-to-a-first-impression

Willis, J. D., & Todorov, A. (2006). First impressions. *Psychological Science, 17*(7), 592–598. https://doi.org/10.1111/j.1467-9280.2006.01750.x

Winerman, L. (n.d.). *"Thin slices" of life*. https://www.apa.org. https://www.apa.org/monitor/mar05/slices

www.ingramcontent.com/pod-product-compliance
Lightning Source LLC
LaVergne TN
LVHW040058080526
838202LV00045B/3702